좋은책으로 하나님의 사람을 만들어가는—
엘맨출판사

좋은책으로 하나님의 사람을 만들어가는—
엘맨출판사

레크리에이션 박사

리더촌교육선교회

홍경표 · 이정수
김신영 · 이성복 편저

레크리에이션 박사

머 리 말

오늘날의 현대인들은 바쁜 일상과 지친 사회 생활 속에서 많은 스트레스를 받으며 살아가고 있습니다. '인생이 참된 안식을 추구하며 그 목표를 향해 달려가는 길'이라고 한 다면 우리는 놀이를 통해서 진정한 '쉼'과 '창조적 기쁨'을 경험할 수 있을 것입니다.

좋은 놀이는 삶을 건강하게 하고, 여가를 선용하게 하며, 인간관계를 개선시켜 줄 뿐만 아니라 공동체 의식을 갖게 하며 개개인의 창의성과 능력을 개발시켜 줍니다. 그런 의미에서 우리들은 좋은 놀이를 통해서 인생의 가장 중요한 의미들을 찾을 수 있게 될 것입니다.

지금처럼 청소년들의 문제가 사회 문제로 대두되는 현실 속에서 청소년들을 건전한 사회의 일원으로 성장시키고 올바른 가치관을 심어주기 위해서라도 건전한 놀이와 건전한 여가 생활은 필수적이라 하겠습니다.

이 책은 건전한 놀이문화 정착과 보급을 위해서 쓰여졌습니다. 아울러 쉼도 없이 살아가는 바쁜 현대인들에게 놀이를 통한 휴식과 기쁨을 회복하게 하고 자꾸만 희미해져가는 인간 관계성의 회복을 목적으로 쓰여졌습니다.

부디 이 책을 참고하는 지도자들에게 작은 도움이 되기를 소원해 봅니다.

끝으로 이 책의 출판을 위해 기도로 후원하며 함께 기뻐해준 리더촌교육선교회의 모든 가족들과 엘맨출판사 이규종 사장님께 깊이 감사드립니다.

리더촌교육선교회

목   차

둘. 레크리에이션 지도자 · 27

제 2 장 · 레크리에이션의 실제 · 35

제 1 장 · 레크리에이션의 이론

하나
레크리에이션의 개요

1. 레크리에이션의 정의

레크리에이션(Recreation)이란 각자의 선택적인 활동에 대한 참여를 통해서 사회적·문화적으로 용납될 수 있는 목적의식을 가진 교육적인 활동이다. 인간과 인간 사이에 막혀있는 불신의 벽을 헐어버리고 새로운 만남을 통해서 닫혀있던 마음의 문을 열고, 잃어버린 자기 자신에 대한 재발견을 위한 새로움에 도전하는 "창조적 여가선용의 활동"이다.

2. 레크리에이션의 어원과 유래

레크리에이션이란 단어의 뜻과 어원은 "회복한다", "새롭게 한다"는 뜻을 지닌 라틴어 "레크레 아찌오"란 말에서 유래되었다. 이것은 "약하거나 피곤한 상태에서 정상적인 건강 상태를 회복하는 것” 또는 “새로운 힘을 얻거나 일한 뒤 정신을 새롭게 하는 것” 등으로 정의되어 있다.

또 레크리에이션을 “여가”(餘暇)와 같이 쓰기도 하는데 한자의 뜻만 생각하면 잉여시간, 한가한 시간만으로 생각하기가 쉬우나 여가라는 뜻의 영어 단어인 레저(leisure)는 불어의 “loisir”에서 왔다. 이것은 “허락된다” 또는 “직업이나 고용에서 자유로워진다”는 뜻을 가진 라틴어 “licere”에서 유래했다.

여가라는 말은 옥스포드 영어 사전에는 “자기 마음대로 처리할 수 있는 시간을 갖고 있는 상태, 자기가 원하는 대로 쓸 수 있는 시간, 자유로운 시간, 무엇을 하고 있지 않는 시간”으로 정의되어 있다. 또한 양주동 국어사전에는 “답답한 마음을 후련하게 함”으로 정의되어 있는 것을 볼 때 여가의 원래의 뜻이 결코 소극적이거나 부정적인 것이 아님을 알 수 있다.

우리는 여가 또는 레크리에이션을 통해서 의무감이나 구속에서 벗어나 자유할 수 있고 잃었던 자기 자신을 다시 찾아야 하며 건전한 사귐을 통해서 함께 사는 공동체 의식과 사랑을 발견할 수 있어야 한다.

3. 레크리에이션의 의미

(1) 일반적 의미

recreation[e] : 악센트가 뒤에 올 때에는 “레크리에이션”이라고 발음하며 “오락, 위안, 취미, 소창, 기분전환, 놀이, 유희, 원기회복, 여가” 등의 좁은 의미로 쓰인다.

⑵ 교회적 의미

recreation[i] : 악센트가 앞에 올 때는 "리크리에이션"으로 발음되며 re＋creation으로 "개조, 재창조, 새롭게 만든다"라는 뜻을 지닌다.

4. 레크리에이션의 오늘의 이해

과거의 레크리에이션에 대한 이해는 단순한 놀이, 여흥, 여가선용, 취미, 목적있는 오락적 활동, 기분전환 등으로만 생각해 왔으며 일종의 사교에만 치중한 느낌이었다.

그러나 오늘에 있어서의 레크리에이션은 그 적용범위가 넓고 인간관계 형성을 위한 작업과 팀워크, 일반 교육에 이르기까지 매우 다양하다.

레크리에이션은 개인에 있어서 자기 자신을 발견하고 심신을 성장시키고 견식을 넓히며 인생의 의미를 새롭게 추구하게 한다. 뿐만 아니라 사회적으로는 문화 형성의 기저가 되고, 사회 봉사와 건전한 사회건설의 기회가 될 수 있고, 학습활동을 도우며, 기독교 교육을 효과있게 실시하는 데에도 큰 도움이 된다.

실로 레크리에이션은 잃었던 자신의 모습을 재발견하고 인생의 의미와 목적을 알아서 보람있고 온전한 삶을 살게 하며 사랑의 공동체를 형성하는 데 크게 이바지할 수 있어야 한다.

5. 레크리에이션의 역할

⑴ 인간의 자연스러운 만남을 도모한다.

(2) 상호 협력을 통한 사회성을 기른다.
(3) 긴장의 해소를 돕는다.
(4) 창조적 기능을 갖게 한다.
(5) 숨겨진 능력을 개발한다.

6. 레크리에이션의 필수 요소

(1) 풀어줌(Relaxation)과 발산(Escape)
(2) 사귐(Friendship)과 친교(Fellowship)
(3) 교육(Education)과 창조(Creation)
(4) 사회성과 봉사성(Service & Citizen-ship)
(5) 인간관계 형성(Human Relation)

7. 레크리에이션의 조건

(1) 여가시간에 이루어져야 한다.
(2) 목적의식을 가져야 한다.
(3) 자발적으로 참여해야 한다.
(4) 사회적으로 용납되는 것이어야 한다.
(5) 만족감을 느낄 수 있어야 한다.
(6) 창조적이며 건설적이어야 한다.
(7) 교육적 가치가 부여되어야 한다.
(8) 공동체가 능동적으로 참여해야 한다.

8. 레크리에이션 활동의 효과

(1) 개인적인 효과

① 자기 자신을 재발견하는 기회가 된다.
② 여가를 선용할 수 있다.
③ 지도력을 양성할 수 있다.
④ 심신의 피로를 회복시켜 준다.
⑤ 사회 적응 능력을 발달시켜 준다.
⑥ 민주의식 및 자율의식을 함양하게 된다.
⑦ 인간관계를 개선시켜 준다.
⑧ 공동체 의식을 높여준다.
⑨ 창의성과 능력이 개발된다.
⑩ 어려움을 극복하는 능력이 배양된다.

(2) 사회적인 효과
① 건강한 사회 발달에 이바지한다.
② 문화생활의 수준을 향상시킨다.
③ 사회적인 부작용을 제거시켜 준다.
④ 준법정신을 기른다.
⑤ 신뢰하며 협동하는 사회를 만든다.
⑥ 국민 총화의 기틀을 마련한다.
⑦ 사상과 이념을 초월한 국가간의 교류가 가능하다.

(3) 집단적인 효과
① 조직이 활성화된다.
② 조직에 대한 애착심을 갖게 한다.
③ 분위기 활성화에 따른 생산성이 향상된다.
④ 지도자와 조직원들 간의 관계가 정상화된다.
⑤ 욕구 불만을 해소할 수 있다.

(4) 교육적인 효과
　① 교회에서는 레크리에이션을 통해서 하나님의 말
　　씀을 새롭게 이해하며 깊이 기억하고 생활화하는
　　계기가 된다.
　② 자발적인 참여 의식을 갖게 한다.
　③ 목적의식을 분명히 할 수 있다.
　④ 학습 활동을 돕는다.
　⑤ 공동체 의식을 높여주며 결속을 강화시킨다.
　⑥ 식견을 넓혀준다.
　⑦ 사회봉사와 건전한 사회건설의 기회가 된다.
　⑧ 집중력, 통일성, 민첩성, 준법성, 인내력을 배운다.
　⑨ 새로운 경험을 통한 창조적 능력을 키워 준다.

9. 레크리에이션의 일반적인 분야

(1) 사교적 활동(Social Activities)
　① 놀이(Game)
　② 노래부르기(sing along)
　③ 춤을 통한 친교(Folk dance & Social dance)
　④ 연극을 통한 친교(stunt - 촌극)

(2) 신체적 활동(Physical Activities)
　각종 스포츠를 통한 신체의 단련과 욕구 충족을
위한 활동으로서 여가를 이용한 비직업적인 아마추어
활동이다.

(3) 야외 활동(Camp & Outdoor Activities)

   여러 형태의 캠프 및 야외 활동(낚시, 수영, 등산, 승마, 스키, 스케이트, 자전거, 테니스, 행글라이딩, 윈드서핑…) 등으로서 자연과 사귀고 정신적인 휴식과 만족을 얻는 활동이다.

(4) 취미활동(Creative & Cultual Activities)
① 음악(성악, 창작, 기악연주, 보컬팀)
② 연극, 춤
③ 독서
④ 미술, 공작
⑤ 수집, 채집, 기르기
⑥ 꽃꽂이
⑦ 바둑, 장기
⑧ 의상 디자인

   문화적이고 창조적이며 고전과 현대성을 띤 여러 가지 취미활동으로서 개인이나 그룹을 통해서 정신적으로나 육체적으로 만족을 얻을 수 있는 활동이다.

둘
레크리에이션의 지도자

1. 지도자와 지도력

크로스랜드(W.F. Crossland)는 말하기를 "교회가 성공하려면 조직(Organigation), 분위기(Moral), 지도력(Leadership)의 세 가지 독립적인 요소가 있어야 하는데, 그 중에서도 가장 중요한 것이 지도력이다"라고 했다.

프로그램(Program)에 관한 기획, 준비, 진행 및 관리를 성공적으로 수행하느냐 못하느냐 하는 것은 오직 지도자의 지도력에 의해 좌우된다.

따라서 지도자의 자질은 지도력에 있다고 볼 수 있다.

2. 지도자의 일반적 자질

(1) 레크리에이션 활동에 대해서 이해가 깊은 사람
(2) 인간의 가치와 존엄성을 인정할 수 있는 사람

(3) 인생관이 건전하고 긍정적인 사람
(4) 잘못을 솔직하게 인정하고 사과할 수 있는 사람
(5) 인류 사회에 대한 봉사정신이 있는 사람
(6) 항상 겸손하며 창의성이 있는 사람
(7) 책임감이 있는 사람
(8) 민주적인 역량을 갖춘 사람
(9) 지도자라기 보다는 촉진자로서의 역할을 감당할 수 있는 사람
⑽ 진실한 기독교인인 사람

3. 지도자의 기능적 자질

(1) 지도력과 통찰력이 있는 사람
(2) 설득력이 있는 사람
(3) 결단력이 있고 창조적인 사람
(4) 유머가 풍부한 사람
(5) 경험이 풍부하고 폭넓은 상식을 가진 사람
(6) 새로운 환경에 대치할 수 있는 적응력이 있는 사람
(7) 분별력, 판단력이 있고 민주적인 사람
(8) 조직력을 갖춘 사람

4. 지도자의 기본 자질

(1) 인격
신앙적인 토대 위에 신뢰와 존경을 받을 수 있는 자이어야 하며 항상 교육적이고 계몽적인 자세를 지녀야 한다.

(2) 이론

항상 연구하는 자이어야 하며 수집하고 기록하는 습관을 길러야 한다(기록책자, 신문, 잡지, 시사, 꽁트, 유머, 위인들의 에피소드, 대인관계 등을 통해 들은 소재 등등).

(3) 경험

경험은 크게 직접 경험과 간접 경험으로 나눌 수 있다. 지도자는 자신이 직접 참여해서 체험적으로 얻은 지식과 자료집 등을 통해서 간접적으로 얻은 지식들을 자신의 것으로 항상 활용할 수 있도록 노력해야 한다.

(4) 기술(진행의 묘)

이론적인 바탕 아래 게임의 지도 요령과 방법 등을 재치있고 시기 적절하게 사용하며 유성의 고저와 템포, 내용, 말의 공감 등을 설득력 있게 전달하는 요령과 유머, 위트 등의 배합 기술 등의 지도 방법 등이 포함된다.

5. 지도자의 유의사항

(1) 상호 경쟁을 위한 프로그램의 구성보다는 상호 협력이 가능한 공동체적인 프로그램을 구성하라.
(2) 모임의 목적의식과 공통점을 파악하라.
(3) 항상 겸손해야 하며 언어사용에 신중을 기하라.
(4) 참가자들로 하여금 활동케 하는 소위 활동의 격려자 또는 촉진자로서의 책임을 감당하여 참가자 위주가 되도록 하라.
(5) 참가자들의 정도와 모임의 성격, 남녀의 구별 및 연

령의 구분에 맞는 프로그램을 작성하라.

(6) 참가자들에게는 기회를 균등하게 부여해서 어느 한 사람의 독점이 되지 않도록 배려하라.

(7) 웃음을 강요하지 말고 게임을 통해서 즐거워할 수 있도록 노력하라.

(8) 지루하지 않도록 진행하되 재미있다고 생각될 때 끝마치거나 다음 프로그램을 연결하라.

(9) 게임의 자료는 그 내용에 있어서 게임, 수수께끼, 요술, 퀴즈, 숫자놀이, 이야기 등 다양하게 수집하여 적절한 시기에 활용할 수 있도록 하라.

(10) 유머를 항상 잃지 않되 쇼맨십이 너무 나타나지 않게 하라.

6. 지도자의 지도요령

(1) 지도에 앞서 유의할 점
   ① 참가자들에 대한 상태를 파악해야 한다.
      - 연령, 성별, 지식정도, 능력, 기대수준, 직업 등
   ② 모임의 규모를 파악해야 한다.
      - 참가자의 수, 조직활동의 크기 등
   ③ 환경의 여건 정도에 대해서 파악해야 한다.
      - 장소(실내, 실외)의 크기, 조명, 음향시설 등
   ④ 진행 시간에 대해서 파악해야 한다.
      - 언제, 몇시간, 프로그램의 전후 등
   ⑤ 모임의 목적과 성격을 파악해야 한다.
      - 교육, 오락, 사교, 시간의 선용 등
   ⑥ 진행 방법에 대해서 파악해야 한다.

진행순서, 준비물, 협조자, 게임 자료의 선택 등

(2) 지도자의 준비사항
① 참가자들에 대한 기대를 충분히 파악하여야 한
   다.
② 게임의 자료는 충분히 준비하여야 하며, 만약의
   경우에 대해서 보충 자료를 준비해 둔다.
③ 도구를 이용할 시는 가능한 한 주위에서 구하기
   쉬운 것을 택하고 폐품을 활용하는 것이 좋으며
   넉넉하게 준비하도록 한다.
④ 게임 시작 30분 전에는 진행에 대한 모든 준비가
   완료되어 있어야 하며 자료에 대한 점검이나 진
   행과정의 예행이 되어 있어야 한다.
⑤ 프로그램 진행표를 준비하여야 하며 사후 평가를
   반드시 실시하도록 한다.
⑥ 원활한 진행을 위해서 간단한 게임의 순서를 적은
   진행 메모를 준비해서 실수가 없도록 한다.

(3) 진행시의 유의사항
① 정한 시간에 시작하고 정한 시간에 마친다.
② 지도자는 모든 참가자들이 잘 보이고 잘 들리는
   곳에 위치한다.
③ 도입은 가능한 한 요란하지 않으면서도 모든 참
   가자들의 시선과 집중을 모을 수 있는 박수 게
   임이나 요술, 그리고 싱어롱 레크리에이션(sing
   along Recreation)이나, 사회자 게임 등으로 시
   작한다.

④ 순서는 쉬운 것, 익숙한 것부터 시작하여 점점 복잡한 것으로 진행해 나간다.

⑤ 게임 사이의 공백이 없도록 해야 한다. 만약 생겼을 시는 잘 알려진 싱어롱이나 유머 퀴즈 등으로 연결한다.

⑥ 진행 순서에 따른 대형의 변화가 필요할 때에도 게임을 통해서 자연스럽게 연결한다.

⑦ 지도자 자신도 게임에 열중해야 한다.

⑧ 저속한 언어와 동작은 삼간다.

⑨ 게임의 승패는 분명하게 해주고 벌칙을 줄 경우에는 부담을 느끼지 않도록 쉬운 것으로 요구한다.

⑩ 클라이맥스를 파악하여 흥미를 고조시켜야 한다.

⑪ 게임이 잘 받아들여지지 못한 경우에는 즉시 변형 또는 다른 종목으로 바꾸어야 한다.

⑫ 게임을 마칠 때에는 마음을 안정시키는 노래나 연합을 이룰 수 있는 간단한 의식으로 마치는 것이 효과적이다.

7. 레크리에이션 지도자의 필수 커리큘럼

(1) 이론 연구

① 인문과학계 : 국어, 심리학, 철학, 변론, 커뮤니케이션, 단체활동, 홍보이론, 조사통계, 교육원리, 교육심리학, 아동문학, 동기론, 시청각 교육

② 자연과학 : 생물학, 식물학, 천문학, 지학, 자연과학개론

③ 사회과학 : 사회학, 역사, 경제학, 정치학, 사회병

리학, 인사관리
④ 보건 : 공중위생, 구급법, 영양학, 인체와 성장
⑤ 전문과목 : 레크리에이션 원리, 야외 교육과 레크리에이션, 캠프개론, 지도자론, 프로그램 작성법, 조직 야외 교육론, 시설계획, 스포츠 프로그램 구성, 지역사회와 조직론

(2) 실시연구
① 취미활동 : 가꾸기, 만들기, 수집, 음악, 미술
② 게임 : 구성별, 장소별, 내용별로 구분해서 연구
③ 스포츠 : 전반적인 스포츠 활동
④ 음악활동 : 중창, 합창, 악기연주법, 작사, 작곡, 감상, 싱어롱
⑤ 무용활동 : 포크 댄스, 탈춤, 현대무용, 고전무용
⑥ 수집활동 : 서적, 우표, 동전, 신문, 잡지, 팸플릿, 시사성 있는 작품
⑦ 극활동 : 촌극, 마임, 연극, 꽁트

제 2 장　레크리에이션의 실제

1. 가위 바위 보 박사

- 대상 : 초등학생 이상
- 대형 : 사회자 집중형
- 인원 : 제한 없음
- 지도하는 법
  ① 이 놀이는 사회자와 참가자 전체가 할 수 있는 놀이로서 주위 집중을 위한 좋은 놀이이다.
  ② 사회자와 모든 참가자가 가위 바위 보를 한다.
  ③ 사회자에게 진 사람은 가위 바위 보를 할 수 없다.
  ④ 사회자에게 이기거나 비긴 사람만이 계속해서 사회자와 가위 바위 보를 할 수 있으며 마지막까지 남은 사람에게 '가위 바위 보 박사'라는 인정과 함께 가벼운 시상을 하도록 한다.

2. 목걸이 귀걸이

- 대상 : 초등학생 이상
- 대형 : 팀대항, 2열 횡대형
- 인원 : 20~30명 정도
- 준비물 : 종이 테이프로 만든 큰 고리 2개
- 지도하는 법
  ① 팀을 나눈 후에 각 팀마다 남녀의 순서로 선다.
  ② 각 팀의 첫번째 선수들은 종이 테이프로 머리가 들어갈 수 있는 큰 고리를 만들어서 목에 걸고 대기한다.
  ③ 두 번째 선수는 손을 대지 않고 첫번째 사람의 목에 걸려 있는 고리를 귀를 이용해서 옮겨 온다.
  ④ 다음 사람은 또다시 목ー귀ー목ー귀의 순서대로 옮긴다.
  ⑤ 고리가 떨어지면 주워서 그 자리에서부터 다시 시작하도록 하고 찢어질 경우에는 다시 이어서 계속 진행하도록 한다.

3. 수갑 채우기

- 대상 : 초등학생 이상
- 대형 : 커플형, 사회자 집중형
- 인원 : 제한 없음
- 준비물 : 손수건
- 지도하는 법
  ① 두 사람에 한 개의 손수건을 준비하되 한 사람(A)의 손목에는 손목이 드나들 정도로 손수건을 매고, 다른 한 사람(B)은 손수건의 양쪽 끝을 잡는다.
  ② 사회자의 '하나 둘 셋!' 신호와 함께 B는 손수건의 양쪽 끝부분을 잡아 당겨서 A의 손목을 가두어야 하고, A는 손수건으로 만든 수갑에서 탈출해야 한다.
  ③ 묶으면 B의 승리, 탈출하면 A의 승리다.
  ④ 사회자는 '하나, 둘' 후에 한참 있다가 '셋'을 부르거나 갑자기 '셋'을 부름으로써 흥미를 유도할 수 있다.
  ⑤ 역할을 바꾸어서 진행해 본다.

4. 연기대항 가위 바위 보

• 대상 : 유치원생 이상
• 대형 : 커플형
• 인원 : 제한 없음
• 지도하는 법
① 시작하기 전에 리더는 커플들에게 10cm 정도 거리를 두고 마주보도록 명령한다.
② 서로 마주 본 상태에서 얼굴 표정 연기로 승부를 가린다.
③ 가위는 윙크하는 모습을 만든다.
④ 바위는 슬픈 모습을 취한다.
⑤ 보는 웃는 모습을 취한다.

5. 자석 달리기

- 대상 : 초등학생 이상
- 대형 : 팀대항
- 인원 : 20명 내외
- 지도하는 법
  ① 팀당 5인 1조를 이룬다.
  ② 리더의 '시작' 신호와 함께 각 팀의 1번 선수가 반환점을 돌아온 후 2번 선수의 손을 잡고 다시 반환점을 돌아온다.
  ③ 위와 같은 방법으로 3번, 4번, 5번 선수까지 마지막엔 5명의 선수가 함께 반환점을 돌아오는 경기이다.
  ④ 가장 먼저 돌아온 팀이 승리하게 된다.
  ⑤ 1번 선수는 5번을 뛰어야 하므로 체력이 좋은 사람으로 선발하도록 한다.

6. 인간 기중기

- 대상 : 초등학생 이상
- 대형 : 팀대항
- 인원 : 20~30명
- 지도하는 법
 ① 리더는 각 팀에서 가장 덩치가 크고 힘이 좋은 사람을
  선발하도록 한다.
 ② 리더의 '시작' 신호와 함께 '인간 기중기'로 선발된
  사람은 자기 팀에서 몸무게가 작은 사람들을 업거나
  매달리게 하거나 안거나 해서 최대한 많은 사람이
  매달리게 해야 한다.
 ③ 몸이 떨어지거나 땅에 닿은 사람은 실격으로 한다.
 ④ 시간을 정해놓고 기록경기로 진행한다.

7. 자가용 경주

- 대상 : 유치원생 이상
- 대형 : 팀대항
- 인원 : 20~30명
- 준비물 : 쌀자루 또는 상자(라면 상자나 과자 상자)
- 지도하는 법
  ① 팀을 나눈 후에 위의 준비물을 출발선에 준비시켜 놓고 각각 자가용의 명칭을 정해 준다.
  ② 리더의 호각 소리와 함께 출발하여 '껑충 껑충' 뛰면서 목표물을 돌아온다.
  ③ 두 발을 한 번에 옮겨놓거나 뛰는 것이 게임의 요령이며, 한 번 뛸 때마다 양 손으로 쥐고 있는 자가용을 앞으로 빨리 옮겨 놓아야 한다.
  ④ 담요나 보자기를 이용해서 진행시킬 수도 있다.

8. 다이너마이트

- 대상 : 초등학생 이상
- 대형 : 커플형, 팀대항
- 인원 : 20명 내외
- 준비물 : 물이 들어 있는 고무풍선
- 지도하는 법
  ① 2인 1조로 팀을 이룬 다음 물이 들어 있는 고무풍선을
     하나씩 나누어 주고 두 사람이 서로 풍선을 잡고 밀어서
     터뜨리게 하는 게임이다(상대가 이성일 경우).
  ② 상대가 동성일 경우에는 풍선에 공기를 충분히 넣어서
     크고 팽팽하게 만든 다음 서로 포옹을 해서 터뜨리도록
     한다.
  ③ 물풍선이 터질까봐 얼굴을 돌리며 찡그리는 몸짓들이
     매우 재미있는 게임이다.
  ④ 가까운 사이일 경우에는 위의 게임을 반대로 적용하면
     매우 흥미로운 게임이 된다.

9. 입으로 하는 가위 바위 보

- 대상 : 유치원생 이상
- 대형 : 커플형
- 인원 : 제한 없음
- 지도하는 법
  ① 시작하기 전에 리더는 커플들에게 10cm 정도 거리를 두고 마주보도록 명령한다.
  ② 가위는 혀를 쭉 빼서 내민다.
  ③ 바위는 입을 꼭 다문다.
  ④ 보는 입을 '아' 하고 크게 벌린다.

10. 엄지 · 검지 춤추기

- 대상 : 초등학생 이상
- 대형 : 자유형
- 인원 : 제한 없음
- 지도하는 법
  ① 리더는 먼저 기본 동작을 설명해 준다.
  ② 1박자에서는 양 손 주먹쥐기, 2박자에서는 오른손 엄지와 왼손 검지를 펴기, 3박자에서는 양 손 주먹쥐기, 4박자에서는 오른손 검지와 왼손 엄지 펴기가 기본 동작이다.
  ③ 위 동작을 4/4박자 곡에 맞추어서 노래를 부르면서 계속한다.
  ④ 의외로 손가락이 잘 움직이지 않아 웃음을 자아내게 한다.

11. 풍선 오래 띄우기

- 대상 : 초등학생 이상
- 대형 : 커플형
- 인원 : 20~30명
- 준비물 : 풍선
- 지도하는 법
  ① 리더는 한 커플에 풍선을 하나씩 나누어 준다.
  ② 각 커플들은 두 손으로 잡은 상태에서 입으로 풍선을
     불어서 땅에 떨어지지 않도록 해야 한다.
  ③ 풍선을 땅에 떨어뜨린 커플은 실격이며 가장 오랜
     시간 동안 공중에 풍선을 띄운 팀에게 승리를 선언한다.

12. 발로 하는 가위 바위 보

- 대상 : 유치원생 이상
- 대형 : 커플형
- 인원 : 제한 없음
- 지도하는 법
  ① 실내의 홀이나 야외에서 모두 가능한 신체놀이로서
     리더는 먼저 두 사람이 서로 마주보게 한다.
  ② 가위는 폴짝 뛰면서 두 발을 앞뒤로 벌린다.
  ③ 바위는 폴짝 뛰면서 두 발을 제자리에 모은다.
  ④ 보는 폴짝 뛰면서 두 발을 양 옆으로 벌린다.

13. 다리 사이로 공 집어넣기

- 대상 : 초등학생 이상
- 대형 : 팀대항
- 인원 : 20~30명
- 준비물 : 공(여러 개), 상자
- 지도하는 법
  ① 거울 보고 공 집어넣기의 응용 게임으로서, 리더는 각 팀에게 공과 상자를 나누어 준다.
  ② 각 팀마다 등진 상태에서 양 다리를 벌리고 다리 사이로 상자를 바라보면서 공을 던져서 자기 팀 상자에 공을 넣는 게임이다.
  ③ 이 게임 역시 공을 많이 준비하는 것이 좋으며 시간을 정해 놓고 기록 경기로 진행하도록 한다.

14. 닭싸움

- 대상 : 초등학생 이상
- 대형 : 팀대항
- 인원 : 20~30명
- 지도하는 법
  ① 전통적인 놀이 중에서 매우 즐겨하는 놀이이다.
  ② 닭싸움은 실내·외의 좁은 공간에서도 가능한 놀이
     로서 팀 대항으로 할 경우에는 각 팀의 남자대표, 남
     자단체, 여자대표, 여자단체, 혼성 단체 등으로 진행할
     수 있다.
  ③ 팀별 토너먼트 경기와 개인별 토너먼트 경기 모두
     가능하다.

15. 펭귄 축구 릴레이

- 대상 : 유치원생 이상
- 대형 : 팀대항, 2열 종대형
- 인원 : 20~30명
- 준비물 : 튜브, 공
- 지도하는 법
  ① 각 팀의 선두에게는 튜브와 공을 지급한다.
  ② 각 팀의 선두는 발에 튜브를 끼고 출발점에 선다.
  ③ 리더의 '시작' 신호와 함께 각 팀의 선수들은 튜브를 낀 채 공을 몰고 반환점을 돌아온 후 다음 선수에게 터치한다.
  ④ 위와 같은 방법으로 해서 마지막 선수까지 일찍 마친 팀이 승리하게 한다.

16. 코로 하는 가위 바위 보

• 대상 : 유치원생 이상
• 대형 : 커플형
• 인원 : 제한 없음
• 지도하는 법
  ① 시작하기 전에 리더는 커플들에게 10cm 정도 거리를 두고 마주보도록 명령한다.
  ② 가위는 오른손 검지 손가락을 이용하여 자신의 코에 대고 옆으로 밀어준다.
  ③ 바위는 오른손 검지로 코를 '쿡' 눌러준다.
  ④ 보는 오른손 검지로 코를 들어올려서 돼지코를 만든다.
  ⑤ 10cm 정도의 간격을 지키지 않는 팀은 앞으로 초청해서 더 가까운 거리에서 게임을 하도록 유도한다.

17. 엉덩이 펀치

- 대상 : 초등학생 이상
- 대형 : 커플형, 팀대항
- 인원 : 20명 내외
- 준비물 : 풍선, 실
- 지도하는 법
  ① 팀을 나눈 후에 각 팀마다 남녀 한 쌍으로 2인 1조를 이룬다. 남자와 여자의 대결도 좋지만 남자가 불리하기 때문에 남녀로 1팀을 이루게 한다.
  ② 10cm 전방에 있는 실에 매단 풍선을 두 사람이 손을 잡고 달려가서 풍선을 엉덩이 사이에 넣고 엉덩이 박치기를 하여 엉덩이의 압력으로 터뜨리고 돌아오는 게임이다.
  ③ 구경거리가 매우 좋은 게임이며 터지는 소리 또한 요란하여 스트레스 해소에도 도움을 준다.

18. 수건 돌리며 두들기기

- 대상 : 유치원생 이상
- 대형 : 원형
- 인원 : 30~40명
- 준비물 : 한쪽 부분을 묶은 수건
- 지도하는 법
① 리더는 원의 중앙에 서서 기타를 치면서 노래를 인도하고 모두가 원형으로 둘러앉아서 노래를 부르면서 수건을 돌린다.
② 첫번째 술래가 돌다가 수건을 놓으면 등뒤에 있는 수건을 집어든 사람이 술래가 되어 자기 오른편에 있는 사람을 원을 한 바퀴 돌 때까지 수건으로 때리며 돌아야 한다.
③ 원이 작을 때는 두 바퀴 정도 돌도록 하며 수건으로 때릴 때는 어깨 아랫 부분을 때리도록 지도한다.
④ 원이 클 때에는 수건을 두 장 정도 준비해서 술래를 두 명으로 진행할 수도 있다.
⑤ 모든 사람에게 골고루 기회가 돌아가도록 한다.

19. 이름 외우기

- 대상 : 초등학교 4학년 이상
- 대형 : 원형
- 인원 : 10～20명
- 지도하는 법
  ① 원형으로 둥그렇게 모여 앉는다.
  ② 리더로부터 시작해서 각 사람의 이름을 발표한다.
  ③ 첫번째 사람은 자기의 이름만을 말하고, 두 번째 사람은 앞사람의 이름과 자기의 이름을, 다음 사람은 앞의 두 사람 이름과 자기의 이름을 말해야 한다.
  ④ 위와 같은 방법으로 마지막 사람은 리더의 이름부터 자기의 이름까지를 외워야 한다.
  ⑤ 친근감을 주기 위해서 이름 대신 별명 또는 별칭을 지어준 후 외우도록 하는 것도 한 방법이다.

20. 거울 보고 공 집어넣기

- 대상 : 초등학생 이상
- 대형 : 팀대항
- 인원 : 20~30명
- 준비물 : 거울, 공, 상자
- 지도하는 법
  ① 리더는 각 팀마다 거울과 상자, 작은 공 등을 나누어 준다.
  ② 각 팀마다 상자를 등진 상태에서 거울을 보면서 공을 던져서 자기 팀 상자에 공을 넣는 게임이다.
  ③ 가능한 한 공은 많이 준비하는 것이 좋으며, 상대가 서로 등을 지고 앉거나 선 상태에서 거울을 보고 공을 넣는 경기이기 때문에 잘못 던질 경우 상대팀 상자에 들어갈 수 있으므로 신중을 기해야 한다.
  ④ 공을 구하기 어려운 경우에는 종이를 뭉친 다음 테이프를 감아서 사용할 수도 있다.

21. 풍선 폭죽 터뜨리기

- 대상 : 유치원생 이상
- 대형 : 팀대항
- 인원 : 30~40명
- 준비물 : 풍선, 끈
- 지도하는 법
  ① 팀을 나눈 후에 모든 참가자에게 끈으로 묶은 풍선을 나누어 준다.
  ② 나누어 준 풍선은 발목에 묶는다.
  ③ 리더의 '시작' 신호와 함께 자유스럽게 뛰어다니면서 상대방의 풍선을 밟아서 터뜨리도록 한다.
  ④ 리더의 '정지' 신호와 함께 자기 팀으로 돌아오되 남은 풍선의 수를 종합해서 풍선의 숫자로 승패를 가린다.
- 응용 : 풍선의 색깔별로 사용한다면 팀 수를 늘릴 수도 있다.

22. 파트너 찾아 동서남북

- 대상 : 초등학생 이상
- 대형 : 원형
- 인원 : 20~30명
- 준비물 : 눈가리개
- 지도하는 법
  ① 리더는 술래 두 사람을 원 안에 초청한 후 눈을 가리게 한다.
  ② 둘 다 눈을 가린 상태에서 남자는 잡는 자, 여자는 도망가는 자 역할을 맡는다.
  ③ 남자는 "여보" 하고 부르면서 여자를 쫓아가고, 여자는 "왜"라고 대답하면서 도망가야 한다.
  ④ 남자가 불렀을 때 대답하지 않는 것은 반칙이므로 꼭 대답하도록 유도한다.
  ⑤ 나머지 참가자들은 두 사람이 밖으로 나가지 못하도록 울타리를 만들어 주어야 하며 게임 방해를 위해 엉뚱한 대답을 할 수 있다(예 : 뒤에, 옆에, 앞에…).
  ⑥ 시간은 1분 정도로 정하고 만약 남자가 여자를 잡았을 경우에는 남자는 술래를 면하게 되지만 잡지 못했을 경우에는 여자가 술래를 바꾸어 준다. 이 때 바뀌게 되는 술래는 동성을 지정하고 물러나므로 술래의 '남녀비'를 조절해 준다.

23. 명함 전달하기

- 대상 : 초등학생 이상
- 대형 : 팀대항, 2열 횡대형
- 인원 : 20명 내외
- 준비물 : 명함 또는 성냥곽
- 지도하는 법
  ① 자신의 코와 윗 입술 사이에 명함을 끼우고 옆사람
     에게 릴레이 하는 게임이다.
  ② 리더의 '시작' 신호와 함께 명함을 옆사람에게 릴
     레이 해야 하는데 손은 절대로 사용해서는 안된다. 단,
     명함을 떨어뜨렸을 경우에만 손을 사용한다.
  ③ 입술을 너무 내밀거나, 콧구멍을 벌리고 콧김을 분
     다거나, 웃음을 참다가는 실패를 하는 경우가 있으니
     주의하도록 한다.
  ④ 명함 대신 성냥곽을 사용해도 좋다.
  ⑤ 가까운 사이가 아니라면 동성끼리 팀을 이루는 것이
     좋다.

24. 카드 조각 맞추기

- 대상 : 초등학생 이상
- 대형 : 자유형
- 인원 : 같은 수의 남녀
- 준비물 : 각기 다른 그림이 그려져 있는 카드
- 지도하는 법
  ① 리더는 각기 다른 그림을 준비한다.
  ② 준비된 카드는 두 쪽으로 나눈다. 나눌 때는 일정할 필요는 없다. 지그 재그, 사선 등 다양한 모양으로 나누어도 좋다.
  ③ 나눈 카드는 매 그림마다 오른쪽 왼쪽으로 구분하여 엎어 놓는다.
  ④ 리더의 '시작' 신호와 함께 모든 참가자들은 자기 쪽에 있는 그림을 주워서 자신의 짝을 찾아 나서야 하고 이 때 만난 사람이 자신의 짝이 된다.

25. 물 속에서 풍선 불기

- 대상 : 유치원생 이상
- 대형 : 팀대항
- 인원 : 10명 내외
- 준비물 : 풍선
- 지도하는 법

① 리더는 각 팀에서 폐활량이 가장 좋은 사람을 선발한다.

② 리더의 '시작' 신호와 함께 각 팀의 선수들은 일제히 풍선을 불기 시작한다.

③ 정해진 시간 내에 가장 크게 풍선을 분 팀이 승리하게 된다.

④ 풍선의 입구만 물 밖으로 나오게 하고 몸체는 물에 반드시 잠기어야 한다.

⑤ 물 속에서 풍선을 불기란 무척 힘든 일이므로 작은 풍선을 사용하는 것이 좋다.

26. 땅! 으악!

- 대상 : 초등학생 이상
- 대형 : 사회자 집중형
- 인원 : 제한 없음
- 지도하는 법
  ① 사회자가 양 손 검지로 총을 만들어서 참가자들을
     향해서 '땅'하고 쏘는 모습을 하면 참가자들은 양 손을
     들고 뒤로 넘어지면서 '으악'하고 쓰러지는 모습을
     취한다.
  ② 사회자가 '으악' 하면 참가자는 '땅' 한다.
  ③ 사회자 '땅 땅 으악 으악' 하면, 참가자는 '으악 으악
     땅 땅' 하고 소리친다.
  ④ '땅'과 '으악'의 숫자를 늘려가면서 연기한다.
  ⑤ 사회자나 참가자 모두 실감나는 연기를 재미있게
     엮어본다.

27. 엉덩이 폭탄

- 대상 : 유치원생 이상
- 대형 : 팀대항
- 인원 : 20명 내외
- 지도하는 법
  ① 팀을 나눈 후에 각 팀당 한 사람씩 나와서 등을 마주대고 30cm 정도의 거리를 두고 선다.
  ② 리더의 호각 신호와 함께 서로 엉덩이를 힘껏 뒤로 밀어서 상대방을 앞으로 튕겨 나가도록 한다.
  ③ 진 사람의 팀은 계속해서 새로운 상대를 내세워서 게임을 진행하되 끝까지 대결해서 가장 엉덩이의 힘이 강한 사람에게 승리를 준다.
  ④ 개인별로 진행해서 최후 승자를 뽑는 것도 재미있다.

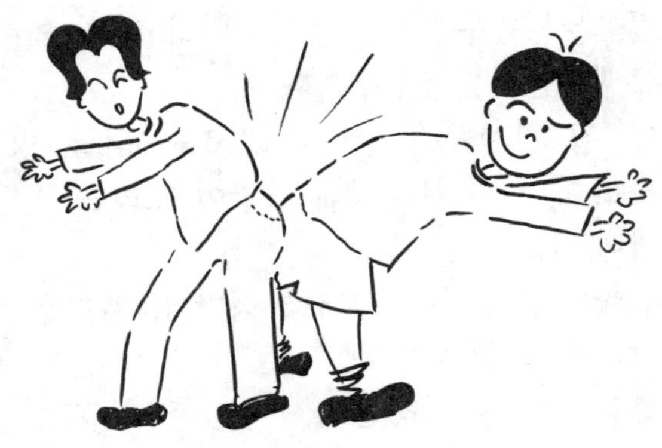

28. 어려운 말 전하기

- 대상 : 초등학교 4학년 이상
- 대형 : 팀대항, 2열 종대형
- 인원 : 10~20명
- 지도하는 법
  ① 게임 리더는 발음하기 어려운 단어들을 준비한다.
  ② 리더는 각 팀의 선두에게 준비된 단어를 보여준다.
  ③ 리더의 '시작' 신호와 함께 맨 뒤에 있는 선수에게
     까지 가장 정확하고 빠르게 전달한 팀이 승리하게 된다.
  ④ 어려운 단어의 예는 다음과 같다.
  예) • 간장공장 공장장은 강 공장장이고, 된장공장
        공장장은 공 공장장이다.
      • 앞 마당의 콩 깍지는 깐 콩깍지냐? 안 깐 콩
        깍지냐?
      • 박 박사 뿔무뿌리는 소뿔무뿌리고, 곽 박사 뿔
        무뿌리는 양 뿔무뿌리다.
      • 앞 집 박서방네 방망이 소리는 닥달 방망이
        소리요, 뒷집 봉서방네 방망이 소리는 박달 방
        망이 소리다.
      • 찹쌀떡 떡방아는 덩더쿵 떡방아, 맵쌀떡 떡방
        아는 쿵더쿵 떡방아.
      • 중앙청 창살 쌍창살.

29. 끝말 이어가기

- 대상 : 초등학생 이상
- 대형 : 원형
- 인원 : 5~10명
- 지도하는 법
  ① 세 박자 게임으로서 1박자에 양 손으로 무릎치기, 2박자에 손뼉치기, 3박자에 양손 엄지 꼽아 양 옆으로 벌리기가 기본 동작이다.
  ② 앞 사람이 말한 단어의 끝말을 이어서 새로운 단어를 대는 게임이다.
     예) 국어-어부-부산-산토끼…
  ③ 박자 게임이므로 박자를 놓치거나 틀린 답을 말하는 경우에는 실격으로 한다.
  ④ 단어를 댈 때에는 세 번째 박자에 대도록 한다.

- 응용
  ① 네 박자 게임으로 진행할 수도 있다.
     예) 1박자에 양 손으로 무릎치기, 2박자에 손뼉치기, 3박자에 오른손 엄지 꼽기, 4박자에 왼손 엄지 꼽기
  ② 게임이 숙달이 되면 '첫글자 이어가기'로 전환시켜 진행할 수 있다.
     이 때 앞사람의 첫글자는 자신의 끝단어에 오게 한다.
     예) 성경-금성-상금-대상-…
     이 게임은 어려운 게임이므로 중학생 이상이 적당하다.

30. 가위 바위 보 챔피언

- 대상 : 유치원생 이상
- 대형 : 자유형
- 인원 : 40~50명
- 지도하는 법
  ① 리더의 호각 소리와 함께 게임이 시작되면 사람마다 '가위 바위 보'를 해서 진 사람은 이긴 사람의 어깨를 잡는다. 이긴 사람은 같은 수의 사람끼리 다시 만나 '가위 바위 보'를 하는 방법으로 진행한다.
  ② 마지막에 2팀이 남게 되면 줄다리기를 하거나 가위 바위 보를 통해서 챔피언을 뽑는다.
  ③ 팀 나누기 게임으로 활용하고자 할 때에는 4~5팀 정도 남았을 때 게임을 멈추고 팀 게임으로 변형시킨다.

31. 턱으로 풍선 전달하기

- 대상 : 초등학생 이상
- 대형 : 팀대항, 2열 종대형
- 인원 : 20명 내외
- 준비물 : 풍선
- 지도하는 법
  ① 팀을 나눈 후에 2열 종대형으로 만든다.
  ② 리더가 풍선을 나누어 주면 첫번째 선수는 턱과 어깨 사이에 풍선을 끼고 준비한다.
  ③ 리더의 '시작' 신호와 함께 턱만을 이용하여 풍선을 옆사람에게 전달해서 마지막 선수에게까지 가장 먼저 전달한 팀이 승리하게 된다.
  ④ 절대로 손을 이용해서는 안된다.

32. 종이컵 쌓기

- 대상 : 초등학생 이상
- 대형 : 팀대항
- 인원 : 10〜20명
- 준비물 : 종이컵, 빨대
- 지도하는 법
  ① 각 팀별로 게임에 출전할 선수를 선발한다.
  ② 리더의 '시작' 신호와 함께 선수들은 뒷짐을 지고 빨대를 입에 문 채로 빨대를 이용해서 종이컵을 들어올려서 다른 종이컵에 포개어 놓는다.
  ③ 제한 시간을 정해 놓고 제한 시간 내에 가장 많은 종이컵을 쌓아 올린 사람을 그 날의 챔피온으로 한다.

33. 촛불 릴레이

- 대상 : 초등학생 이상
- 대형 : 팀대항
- 인원 : 30~40명
- 준비물 : 양초, 성냥
- 지도하는 법
  ① 팀을 나눈 후에 모든 참가자에게 양초를 한 자루씩 나누어 주고 첫번째 선수들에게는 성냥을 나누어 준다.
  ② 리더의 '시작' 신호와 함께 양초에 불을 켠 다음 옆사람 양초에 점화시켜 주면 같은 방법으로 다음 사람에게 촛불을 릴레이하여 점화시켜 맨 마지막 사람에게까지 전달한다.
  ③ 맨 뒷사람에게까지 가장 빨리 점화하는 팀이 승리하게 된다.
  ④ 안전을 요하는 게임이므로 참가자들에게 사전 주의를 준다.

34. 쿵후 가위 바위 보

- 대상 : 유치원생 이상
- 대형 : 커플형
- 인원 : 제한 없음
- 지도하는 법

① 가위는 쿵후 동작에서 '사권'의 모습으로서, 오른 손은 잡아당긴 후에 손목을 세우고 왼손은 오른손 팔꿈치에 댄다.

② 바위는 양 손을 주먹쥔 상태에서 허리춤에 댄다. 이때 손등은 아래를 향한다.

③ 보는 양 손바닥을 펴고 앞으로 쭉 내밀어서 장풍을 만든다.

④ 시작하는 동작은 오른손은 주먹을 쥐고 왼손은 오 른손을 감싼 상태에서 서로 인사하면서 '사부'라고 외친다.

35. 가위 바위 보 암산

- 대상 : 초등학생 이상
- 대형 : 커플형
- 인원 : 제한 없음
- 지도하는 법
  ① 자신의 짝과 양 손으로 가위 바위 보를 한다.
  ② 양 손은 같은 것을 내거나 다른 것을 내거나 상관없다.
  ③ 가위는 1, 바위는 2, 보는 5로 정하고 두 사람이 낸 가위 바위 보를 빨리 암산해서 정답을 먼저 말하는 사람이 승리하는 게임이다.
  ④ 이 게임은 3~5명 정도가 같이 해도 가능하다.

36. 기차꼬리 잡기

- 대상 : 초등학생 이상
- 대형 : 팀대항
- 인원 : 20~30명
- 지도하는 법
  ① 팀을 나눈 후에 각 팀의 술래를 한 사람씩 정한다.
  ② 각 팀의 모든 참가자들은 열을 지어서 앞사람의 어깨에 손을 얹으며 술래는 줄의 맨 뒤에 선다.
  ③ 리더의 '시작' 신호가 끝나면 각 팀의 선두는 상대 팀의 꼬리에 붙어있는 술래를 잡으러 다닌다.
  ④ 술래의 등이나 몸을 터치하면 승리하게 된다.

37. 정확한 재단사

- 대상 : 초등학생 이상
- 대형 : 팀대항
- 인원 : 10~20명
- 준비물 : 종이테이프, 가위
- 지도하는 법
  ① 리더는 각 팀에게 종이 테이프와 가위를 한 개씩 나누어 준다.
  ② 리더가 요구하는대로(예 : 33cm) 각 팀마다 한 사람씩 눈짐작으로 종이 테이프를 자른다.
  ③ 다 자른 사람은 다음 사람에게 종이 테이프와 가위를 전달한다.
  ④ 게임이 끝나면 리더는 팀 별로 재단된 종이 테이프를 모은 후 가장 긴 것과 가장 짧은 것을 찾아내서 길이의 차이가 적게 나는 팀에게 승리를 선언한다.
  ⑤ 결코 자를 사용하거나 앞 뒤 사람과 비교해서는 안 된다.
- 응용 : 개인적으로 할 때에는 가장 정확하게 또는 가장 근접한 치수를 맞힌 사람에게 시상을 한다.

38. 숫자만큼 박수치기

• 대상 : 초등학생 이상
• 대형 : 사회자 집중형
• 인원 : 제한 없음
• 지도하는 법
① 사회자가 말하는 단어를 듣고 연상되는 숫자만큼 박수를 쳐야 하는데 사회자는 처음에는 쉬운 단어부터 접근을 하도록 한다(예 : 돼지다리).
② 시작 전 참가자들의 손을 들게 한 상태에서 박수를 틀리게 친 사람들은 손을 내리게 한다. 이와 같은 방법으로 계속 진행을 해서 끝까지 남는 사람에게 챔피언 명예를 주거나 간단한 시상을 하도록 한다.
③ 이외로 틀리게 손뼉을 친 사람중에서 기발한 대답이 나올 수가 있는데 이해 가능한 내용이면 맞는 것으로 한다(예 : '대학교' 하면 4년제가 연상되므로 4번을 쳐야 하는데, 3번을 치는 사람이 있었다. 그 사람 대답이 '나는 3학년때 중퇴했거든요'라면 박수로 격려해 주고 넘어가도록 한다).
④ 문제의 예는 다음과 같다.
  • 1 - 허수아비 다리
  • 2 - 닭다리, 콧구멍
  • 3 - 중학교, 그랜드 피아노의 다리
  • 4 - 대학교, 돼지다리
  • 5 - 어린이날, 농구
  • 6 - 초등학교, 배구
  • 7 - 북두칠성, 일주일
  • 8 - 문어다리
  • 9 - 야구, KBS 1
  • 10 - 한글날
  • 11 - 축구, MBC

39. 방석 쌓기

- 대상 : 초등학생 이상
- 대형 : 커플형
- 인원 : 20명 내외
- 준비물 : 방석(여러 개)
- 지도하는 법
  ① 2인 1조 한 팀을 이룬 다음 한 사람을 방석 위에 서게 한다.
  ② 리더의 '시작' 신호가 나면 방석 위에 있는 사람은 '점프'와 '착지'를 번갈아 하고 다른 한 사람은 점프 동작시에 방석을 한 장씩 쌓아간다.
  ③ 게임이 끝나면 동일한 방법으로 역할을 바꾸어서 진행한다.
  ④ 일정시간(예 : 1분)을 청해놓고 진행하는 것이 효과적이다.

40. 방석 빼기

• 대상 : 초등학생 이상
• 대형 : 커플형
• 인원 : 20명 내외
• 지도하는 법
① 2인 1조로 한 팀을 이룬 다음 쌓아놓은 방석 위에
한 사람을 서게 한다.
② 리더의 '시작' 신호가 나면 방석 위에 있는 사람은
'점프'와 '착지'를 번갈아 하고 다른 한 사람은 점프
동작시에 방석을 한 장씩 빼낸다.
③ 게임이 끝나면 동일한 방법으로 역할을 바꾸어서
진행한다.
④ 일정시간(예 : 1분)을 정해놓고 진행하는 것이 효과
적이다.

41. 신발 주인 찾기

- 대상 : 초등학생 이상
- 대형 : 자유형
- 인원 : 같은 수의 남녀
- 지도하는 법
  ① 남녀의 수가 같을 경우에 파트너를 정하는 게임이다.
  ② 게임 리더는 게임 시작 전에 남자들의 신발 한 짝씩을 중앙에 모아 둔다. 이 때 여자들은 남자의 신발을 보지 못하도록 돌아서 있게 한다.
  ③ 리더의 '시작' 신호와 함께 여자들은 남자의 신발을 한 짝씩 주운 후 임자를 찾아서 신발을 신겨주게 되는데 이 때 만난 짝이 팀을 이루게 된다.
  ④ 어린이의 경우는 누구의 신발을 벗겨도 무방하지만 나이가 많아질수록 여자의 경우는 신발을 벗기 싫어하므로 남자의 신발을 벗기는 것이 리더의 지혜다.

42. 인간 계산기

- 대상 : 초등학교 4학년 이상
- 대형 : 팀대항
- 인원 : 30~40명
- 준비물 : 메모지, 필기도구
- 지도하는 법
  ① 팀마다 1부터 9까지의 숫자와 +, −, ×, −, =의 기호가 적혀 있는 기호를 한 가지씩 가슴에 단다.
  ② 리더가 요구하는 숫자를 협력하여 빠르게 계산해서 답하면 된다.
  ③ 예를 들어, 리더가 '여덟 사람이 20을 만드세요.'라고 한다면(8, ×, 5, ÷, 2, =, 2, 10)을 만들어야 한다.
- 응용 : 기호를 빼고 숫자만을 이용해서 할 경우(예 : '다섯 사람이 모여서 25를 만드세요'라고 한다면 '1, 3, 5, 7, 9'가 모이면 됨)에는 모인 사람들끼리 손을 잡고 반환점을 돌아오는 게임으로 변형해서 적용하면 효과적이다.

43. 고(GO), 스톱(Stop)

- 대상 : 초등학생 이상
- 대형 : 사회자 집중형
- 인원 : 제한 없음
- 지도하는 법
 ① 사회자가 'GO'하고 외치면 서로가 자유스럽게 실내를 걸어다닌다.
 ② 사회자가 'Run'하고 외치면 뛰어다녀야 하고 'Quick'하면 빠르게 돌아다녀야 한다.
 ③ 사회자가 'Stop'하면 걸음을 멈추고 제자리에 선다.
 ④ 사회자는 Stop을 외칠 때 '한발 들고 스톱', '토끼 모양으로 스톱'… 등 다양한 주문을 하도록 한다.

44. 팀대항 노래자랑

- 대상 : 초등학생 이상
- 대형 : 팀대항
- 인원 : 제한 없음
- 지도하는 법
  ① 각 팀마다 고유이름을 정한다.
  ② 게임 리더가 지적하는 팀은 주제의 종류에 맞추어서 노래를 시작해야 하는데 리더는 노래 중간에 '그만 ○○팀'하고 노래를 중지시킨 후 다른 팀을 불러낸다.
  ③ 이 때 불러낸 팀이 제때에 노래를 부르지 못하면 실격하게 된다.
  ④ 주제별로 시합이 가능한 노래들은 CM송, 만화 주제가, 응원가, 어린이 찬송가, 산노래, 바다노래 등 다양하다.

45. 몸 속으로 계란 통과시키기

- 대상 : 유치원생 이상
- 대형 : 2열 종대형(팀대항)
- 인원 : 20명
- 준비물 : 계란
- 지도하는 법

① 팀을 나눈 후에 각 팀마다 계란을 하나씩 나누어 준다.

② 게임이 시작되면 첫번째 선수부터 주어진 계란을 목으로 넣어 옆구리를 지나 바지(치마) 밑으로 꺼내어 다음 선수에게 전달하는 게임이다.

③ 도중에 계란이 깨질 경우에는 다시 새 계란으로 시작한다.

④ 계란 대신 귤이나 사과 등을 이용해도 좋으나 계란으로 할 경우에는 더욱더 조심하게 되므로 스릴을 느낄 수 있다.

⑤ 마지막 선수에게까지 전달된 시간으로 승패를 결정한다.

46. 패션 쇼 경연대회

- 대상 : 유치원생 이상
- 대형 : 팀대항
- 인원 : 20명 내외
- 준비물 : 신문지, 핀, 화장품, 빨래집게, 핸드백
- 지도하는 법
  ① 팀을 나눈 후 각 팀마다 남녀 두 명씩을 선출하여 남자는 여자로, 여자는 남자로 분장시킨다.
  ② 준비된 신문지를 이용하여 각 나라의 독특한 의상을 만들어 입히고 다 입은 후에는 음악에 맞추어 그 나라의 독특한 춤을 추게 한다.
  ③ 가장 잘한 팀에게 시상을 하도록 한다.

47. 바쁘다 바뻐

- 대상 : 초등학교 4학년 이상
- 대형 : 팀대항, 원형
- 인원 : 20명 내외
- 지도하는 법
  ① 4박자 게임으로서, 1박자에 양 손으로 무릎치기, 2박자에 손뼉치기, 3박자에 오른손 엄지 꼽기, 4박자에 왼손 엄지 꼽기가 기본 동작이다.
  ② 각 팀마다 동물 이름을 정하되 2자 이상의 이름을 정한다.
  예) 통닭, 돼지, 고릴라…
  ③ 처음 4호간에는 '바쁘다 ─ 바뻐 ─ 팀구호 ─ 바뻐'를 외치고 다음 4호간에는 '팀구호 ─ 잡고 ─ 상대팀구호 ─ 뜯어'를 외친다.
  예) '바쁘다 ─ 바뻐 ─ 고릴라 ─ 바뻐' '고릴라 ─ 잡고 ─ 통닭 ─ 뜯어'
  ④ 이 때 불리운 팀(예 : 통닭)이 동일한 방법으로 자기팀 구호를 외친 후(처음 4호간), 이어서 다른 팀 구호를 외친다(다음 4호간).
  ⑤ 기본동작의 3박자, 4박자에 팀의 고유동작을 집어넣어서 진행하면 더 효과적이다.

48. 민방위 게임

- 대상 : 초등학교 4학년 이상
- 대형 : 원형
- 인원 : 10명 내외
- 지도하는 법
  ① 원형으로 앉은 상태에서 술래는 손가락으로 한 사람을
     지적하면서 '민' 하고 외치면 지적받은 사람은 '방'
     하고 다른 사람을 지적하고, 그 사람은 다시 '위' 하고
     다른 사람을 지적한다.
  ② "위"를 지적받은 사람은 양손을 머리 위치까지 들고
     백열 전구를 돌렸다 뺐다 하는 모습을 연출하며 '삐
     요~ 삐요~' 소리를 내야 하며, '위'의 양 옆에 있는
     사람은 두 손을 번쩍 들고 '국민여러분! 국민여러
     분! 국민여러분!'을 세 번 외친다.
  ③ 이와 같은 동작이 끝나면 '위'를 지적받은 사람은
     다시 새로운 사람을 지적하여 '민' 하고 외치므로 새
     로운 게임이 시작되게 되는 것이다.

49. 코와 립스틱

- 대상 : 초등학생 이상
- 대형 : 팀대항, 2열 횡대형
- 인원 : 20명 내외
- 준비물 : 립스틱
- 지도하는 법
  ① 팀대항 게임으로서 맨 처음에 있는 사람은 코에 립스틱을 충분히 바른 다음 사회자의 '시작' 신호와 함께 옆사람의 코에 립스틱을 옮겨 묻히도록 한다.
  ② 동일한 방법으로 마지막 사람까지 립스틱을 옮겨서 코에 립스틱을 가장 많이 옮긴 팀이 승리하게 된다.
  ③ 코를 맞대는 것은 '에스키모인들의 인사'이다.

50. 제스처 알아맞히기

- 대상 : 초등학교 4학년 이상
- 대형 : 2열
- 인원 : 10~20명
- 준비물 : 필기도구
- 지도하는 법

① 리더는 팀을 나눈 다음 미리 출제해 두었던 문장 (예 : 졸다가 분필에 맞은 학생, 아니면 굴뚝에 연기 날까 ? … 등)을 각 팀의 선두에게 보여준다.

② 각 팀의 선두는 제스처를 이용하여 다음 사람에게 전달한다(제한시간 30초).

③ 같은 방법으로 마지막 사람에게까지 전달되면 마지막 사람은 그 내용을 사회자에게 구두 또는 서면으로 제출한다.

④ 정확한 답이 나올 수도 있겠지만, 전혀 상반된 내용이 나올 수도 있기 때문에 장내엔 폭소가 터진다.

⑤ 정답에 가까운 사람에게 점수를 준다.

⑥ 속담이나 성경 요절 등을 이용하면 효과적이다.

51. 눈 가리고 아웅

- 대상 : 초등학생 이상
- 대형 : 팀대항
- 인원 : 10명 내외
- 준비물 : 눈 가리개, 종이 몽둥이, 딸랑이
- 지도하는 법
  ① 각 팀에서 대표자를 한 사람씩 나오게 한다.
  ② 리더는 대표들에게 종이 몽둥이와 딸랑이를 하나씩 주고 눈가리개로 눈을 가리게 한다.
  ③ 리더의 '시작' 신호와 함께 선수들은 딸랑이를 흔들어서 자기의 위치를 알려주어야 하며 서로 상대방의 딸랑이 소리를 듣고 상대방을 먼저 때려야 한다.
  ④ 딸랑이는 최소한 5초에 한 번씩은 흔들어서 자기의 위치를 알려주어야 하며, 5초가 지나도 흔들지 않으면 실격으로 한다.

52. 인간 탱크

- 대상 : 초등학생 이상
- 대형 : 팀대항
- 인원 : 30~40명
- 준비물 : 벽지(또는 비닐장판)
- 지도하는 법
  ① 벽지를 3~4cm 정도의 크기로 자른 다음 양 끝을 붙여서 탱크처럼 만든다.
  ② 각 팀의 선두는 탱크 레일 속으로 들어가서 출발선에 정렬한다.
  ③ 리더의 '시작' 신호와 함께 각 팀의 선수들은 탱크 레일을 앞으로 이동시키면서 반환점을 돌아오는 경기이다.
- 응용 : 개인전으로 할 때에는 기록 경기로 하고, 단체 경기일 경우에는 릴레이 경기로 진행한다.

53. 노래로 자기 소개하기

- 대상 : 초등학생 이상
- 대형 : 원형
- 인원 : 10~20명
- 지도하는 법
  ① '산토끼' 음악에 맞추어서 이름, 별명, 취미, 희망 등을 노래하게 한다.
  ② 음정, 박자보다는 참가자들의 재치나 아이디어에 중점을 두어 진행한다.
  예 1) 내 이름 ○○○(산토끼 토끼야)
        별명은 이소룡(어디를 가느냐)
        취미는 격투기(깡총깡총 뛰면서)
        희망은 보디가드(어디를 가느냐)
  예 2) 내 이름 ○○○
        고향은 멍청도
        시집못간 노처녀
        애인을 물색중

54. 지그 재그 릴레이

- 대상 : 초등학생 이상
- 대형 : 팀대항, 2열 종대형
- 인원 : 30~40명
- 지도하는 법
  ① 리더는 게임을 시작하기 전에 앞사람과의 간격을 1m 정도 유지하는 종대형으로 세운다.
  ② 각 선수들에게는 고유번호를 지정해 준다.
  ③ 리더가 지정된 번호를(예 : 7번) 부르면 호명된 사람들은 지그 재그로 앞 사람 사이를 지나서 다시 맨 뒷 번호로 간 후 자기 자리를 돌아와야 한다.
  예) 팀당 10명씩일 경우-(7번 호명시) : 6-5-4-3-2-1-10-9-8-7(제자리로 돌아옴)
- 응용
  '시작' 신호와 함께 1번이 10번 뒷자리로 가고 다음 2번이 1번 뒷자리로 가는 방식으로 진행해서 가장 먼저 1번이 처음으로 온 팀이 승리하게 할 수도 있다.

55. 반지 전달하기

- 대상 : 유치원생 이상
- 대형 : 2열 횡대형
- 인원 : 20명 내외
- 준비물 : 반지 2개(캔따개 이용), 빨대
- 지도하는 법
  ① 팀을 나눈 후 빨대를 입에 문 상태에서 맨처음 사람에게 반지를 걸어준다.
  ② 리더의 시작 신호와 함께 빨대만을 이용해서 반지를 옆으로 전달한다.
  ③ 맨 뒷사람에게 전달이 되면 다시 역순으로 맨처음 사람에게 되돌아와야 한다.
  ④ 가장 먼저 반지가 되돌아 온 팀이 승리하게 되는데 도중에 반지를 떨어뜨렸을 경우에는 처음부터 다시 시작해야 하며, 절대로 손을 이용해서는 안된다.

56. 두 손으로 하는 가위 바위 보

- 대상 : 유치원생 이상
- 대형 : 커플형
- 인원 : 제한 없음
- 지도하는 법

① 리더의 구호에 따라서 "가위 바위 보"를 하되 양손을 각기 다른 형태의 가위 바위 보를 내야 한다. 예를 들면, 오른 손이 주먹을 낼 때 왼손은 가위를 내는 경우이다.

② 두 손 중에서 이긴 손(위의 경우 오른손)이 앞으로 나갈 수 있는 권리를 가진다.

③ 리더의 "하나 둘 셋" 구호에 따라 이긴 손은 앞으로, 진 손은 뒤로 뺀다.

④ 리더의 지시에 따라 두 손 중에서 오른손(또는 왼손)만 내밀어서 승부하게 할 수도 있다.

⑤ 두 손 중에서 일반적인 형태의 하나빼기(자신있는 손은 내밀고 질 것 같은 손은 감추는)로 변형해서 진행해도 좋다.

57. 빨래 널고 걷기

- 대상 : 유치원생 이상
- 대형 : 팀대항, 2열 종대형
- 인원 : 20명～30명
- 준비물 : 줄, 빨래집게, T셔츠(또는 신문지)
- 지도하는 법
  ① 리더는 먼저 10m 전방에 빨래를 널 수 있는 줄을 만들어 놓고 빨래집게를 팀당 2개씩 준비해 놓는다.
  ② 각 팀의 선수들에게는 숫자를 정해준다.
  ③ 리더의 출발 신호와 함께 1번 선수는 자신의 T셔츠를 벗어서 빨래 집게 2개를 이용하여 줄에 널고 돌아와서 2번 선수에게 터치한다.
  ④ 2번 선수는 달려가서 빨래를 걷어 가지고 돌아온다.
  ⑤ 3번 선수는 달려가서 자기의 T셔츠를 벗어서 1번 선수처럼 줄에 널고 돌아와서 4번에게 터치한다.
  ⑥ 홀수 번호는 T셔츠를 벗어서 널고 돌아오고, 짝수 번호는 걷어 온 후에 주인에게 돌려주는 게임이다.
  ⑦ T셔츠 대신에 신문지를 이용할 수도 있다.

58. 종이컵 릴레이

- 대상 : 초등학생 이상
- 대형 : 팀대항, 2열 횡대형
- 인원 : 20~30명
- 준비물 : 종이컵, 빨대
- 지도하는 법
  ① 각 팀별로 2열 횡대를 이룬 다음 입에 빨대를 둔다.
  ② 리더는 팀의 선두에게 종이컵을 나누어 주고 팀의 선두는 하늘을 쳐다보고 종이컵을 빨대에 올려 놓는다.
  ③ 리더의 '시작' 신호와 함께 각 팀의 선두는 다음 선수에게 빨대만을 이용하여 종이컵을 전달해야 한다.
  ④ 위와 같은 방법으로 맨 마지막 선두에게까지 먼저 전달한 팀이 승리하게 된다.
- 응용
  - 종이컵을 5개 내지 10개 정도를 사용하면 효과적이다.
  - 대형은 2열 종대형으로 하고, 반환점을 돌아와서 다음 선수에게 종이컵을 넘겨주는 방식으로 전환할 수도 있다. 이 때 역시 손을 사용해서는 안된다.

59. 모자 보고 웃기

- 대상 : 초등학생 이상
- 대형 : 팀대항
- 인원 : 제한 없음
- 준비물 : 모자
- 지도하는 법
  ① 팀을 두 팀으로 나눈다.
  ② 리더가 모자를 던져서 앞으로 떨어지면 A팀이, 뒤집어져서 떨어지면 B팀이 웃어야 한다.
  ③ 억지로 웃는 것은 어렵지만 한두 사람의 웃음소리 때문에 전체가 웃고 마는 게임으로 딱딱한 분위기를 푸는 데에는 좋은 게임이다.

60. 오작교 만들기

- 대상 : 초등학생 이상
- 대형 : 커플형, 팀대항
- 인원 : 10~20명
- 지도하는 법
  ① 실내에서 쉽게 구할 수 있는 물건을 모은다.
  ② 각 팀에서 남녀 한 커플씩 초대하여 마주 보고 서게 한다.
  ③ 한 사람은 '견우'로 한 사람은 '직녀'로 명명하고 세울 수 있는 물건들을 견우와 직녀의 이마 사이에 하나씩 끼운다.
  ④ 이 때 한 사람은 뒷짐을 지고 있어야 하며, 한 사람만이 물건을 만질 수 있는 자격이 있다.
  ⑤ '오작교'를 가장 길게 건설한 팀이 승리하게 된다.
- 응용 : 이마 사이에 끼우는 물건의 크기와 모양에 따라서 점수를 부여하고 가장 높은 점수를 얻은 팀에게 승리를 선언한다.
  예) 캔 음료수병-1점, 공-3점, 과일-5점…

61. 천국열차

- 대상 : 유치원생 이상
- 대형 : 팀대항(2인 1조)
- 인원 : 40~50명
- 준비물 : 신문지
- 지도하는 법
  ① 팀을 나눈 후에 출발선을 중심으로 양팀의 선수들이 2인 1조가 되어서 정렬한다.
  ② 머리 크기의 구멍이 2개 뚫린 신문지를 목에 건다.
  ③ 뒷 사람은 앞 사람을 절대로 잡아서는 안되며 서로가 호흡을 맞추어 목표물을 돌아온 후에 다음 조에게 연결한다.
  ④ 도중에 신문지가 찢어지면 다시 구멍을 내서 처음부터 출발하도록 한다.
- 응용 : 큰 신문지에 3~4명이 구멍을 내고 들어가서 게임을 진행하면 더욱 재미있고 효과적이다.

62. 스테레오 단어 알아맞히기

- 대상 : 초등학생 이상
- 대형 : 팀대항
- 인원 : 4명 단위(단어수에 따라 조정 가능함)
- 지도하는 법
  ① 단어수에 맞추어서 팀 구성을 한다.
  ② 한 팀은 공격을 한 팀은 수비를 하도록 정하고, 리더는 공격팀에게 준비된 단어(예 : 동서남북)를 보여준다.
  ③ 리더의 '시작' 신호와 함께 공격팀의 선수들은 한 사람이 한 단어씩 발음하되 동시에 발음하여야 한다.
  ④ 수비팀은 서로 의논한 뒤에 공격팀의 단어를 맞추도록 한다.
  ⑤ 몇 번만에 맞추었는가에 따라서 점수를 차등하여 준다.

63. 림보 릴레이

- 대상 : 초등학생 이상
- 대형 : 팀대항
- 인원 : 10~20명
- 준비물 : 막대기, 음악
- 지도하는 법
  ① 리더는 길이 1m 정도의 막대기 2개를 양쪽에 세우고 그 위에 또 한 개의 막대기를 걸쳐 놓는다.
  ② 리더의 '시작' 신호와 함께 각 팀의 선두에 있는 선수는 음악에 맞추어 흥겹게 춤을 추면서 몸을 뒤로 젖힌 채 막대기 밑으로 지나간다.
  ③ 통과 도중에 막대기를 건드린 사람은 실격하게 되며 다 통과시에는 막대기의 높이를 차츰 낮춘다.
  ④ 가장 낮은 높이를 통과한 팀이 승리하게 된다.
  ⑤ 개인적으로 진행할 수도 있다.

64. 양동이 농구

- 대상 : 초등학생 이상
- 대형 : 팀대항
- 인원 : 10명 내외
- 준비물 : 양동이, 공, 의자
- 지도하는 법
  ① 팀을 두 팀으로 나눈다.
  ② 리더는 팀별로 한 사람씩 뽑아서 양동이를 들고 의자 위에 올라가 농구골대를 만들도록 한다.
  ③ 규칙은 일반적인 농구 규칙에 준한다.
  ④ 리더의 시작 신호와 함께 각 팀의 선수들은 상대방의 골대(양동이)에 공을 집어넣어야 한다.
  ⑤ 양동이를 들고 있는 사람은 자기 팀의 선수로 하고 양동이를 들고 있는 사람은 의자 위에서만 움직일 수 있도록 한다.
  ⑤ 정해진 시간내에 골을 가장 많이 넣은 팀이 승리하게 된다.
- 응용 : 인원이 많을 때에는 공을 2개 사용하면 효과적이다.

65. 종이 몽둥이 덧셈·뺄셈

- 대상 : 초등학생 이상
- 대형 : 사회자 집중형, 원형
- 인원 : 30∼40명
- 준비물 : 신문지를 말아서 만든 종이 몽둥이
- 지도하는 법
  ① 사회자는 처음 몇 번을 연습한 후에 게임에 들어가는데 이때부터는 숫자를 지적해 놓고 대답을 듣기 전에 종이 몽둥이로 지적한 사람이 어깨를 두들긴다(어린이가 아닐 때는 머리를 가볍게 때리면 더 효과적이다).
  ② 사회자가 이따금 높은 숫자나 긴 숫자를 불러서 참가자가 대답할 수 없도록 유도하면 폭소가 터지고 게임은 더 흥미를 갖게 된다.
  ③ 도입게임으로 활용하면 효과적이다.

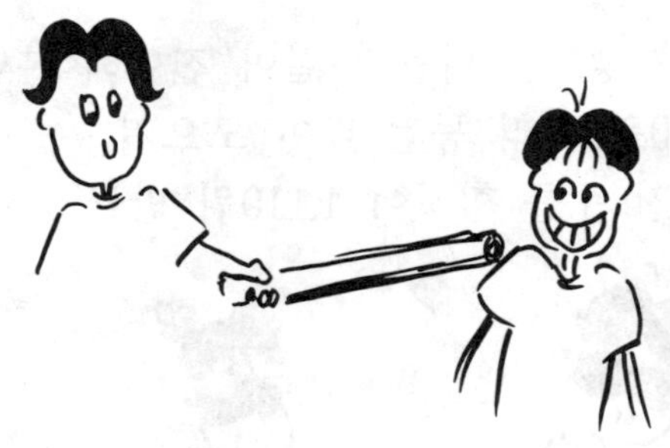

66. 눈 가리고 동전 찾기

- 대상 : 초등학생 이상
- 대형 : 자유형
- 인원 : 10명 내외
- 준비물 : 눈가리개, 여러 종류의 동전
- 지도하는 법
  ① 금액이 서로 다른 동전을 많이 섞어 놓는다.
  ② 모든 참가자는 눈가리개로 눈을 가린 후 리더의 '시작' 신호와 함께 같은 동전끼리 분리하여 모으도록 한다.
  ③ 가장 먼저 종류대로 분류해 놓은 사람이 승리하게 된다.
- 응용
  ① 동전수가 적으면 순서에 따라 개인전으로 해서 기록 경기로 유도한다.
  ② 동전수가 많으면 다음과 같이 진행해 본다.
    예) • 100원 짜리 동전 많이 모으기
      • 동전 수를 합하여 1,110원 만들기

67. 알쏭달쏭 덧셈 · 뺄셈

- 대상 : 초등학생 이상
- 대형 : 팀대항
- 인원 : 10명 내외
- 준비물 : 흰 장갑
- 지도하는 법
  ① 흰 장갑에 주먹쥔 상태에서 상대방이 볼 수 있도록 오른손에는 + 표시를, 왼손에는 - 표시를 해둔다.
  ② 리더가 장갑을 낀 상태에서 숫자를 부르면서 오른손을 들었다가 내리면 1을 더한 숫자를 대답해야 하고, 왼손을 들었다가 내리면 1을 뺀 숫자를 대답해야 한다.
  ③ 리더는 일정한 간격으로 오른손, 왼손을 번갈아 가면서 위 아래로 움직이며 숫자를 지적한다.
  ④ 리더는 게임 진행으로 점수 관리를 하기 어려우므로 상대팀에서 한 명을 선정하여 점수를 계산하도록 한다.
  ⑤ 일정 시간 동안에 가장 많이 맞춘 팀이 승리하게 된다.

68. 안녕하세요

- 대상 : 초등학생 이상
- 대형 : 커플형
- 인원 : 제한 없음
- 지도하는 법

  ① 2인 1조가 되어 등을 대고 서서 머리 위로 손을 들어서 가위 바위 보로 공격과 술래를 정한다.

  ② 공격자의 '안녕하세요' 신호와 함께 서로 좌우로 얼굴을 돌리는데 얼굴이 마주치면 공격자의 승리가 되고, 계속해서 공격권이 주어지며 점수를 얻게 된다.

  ③ 얼굴이 마주치지 않은 경우에는 공격과 술래를 교대한다.

  ④ 약속된 점수를 먼저 얻은 사람이 승리하게 된다.

69. 철자 맞추기

- 대상 : 초등학생 이상
- 대형 : 팀대항
- 인원 : 30～40명
- 준비물 : 메모지, 필기도구, 핀
- 지도하는 법
  ① 리더는 한글의 자음과 모음을 메모지 한 장에 한 철자씩 기록한 다음 한 사람이 한 장의 메모지를 가슴에 달도록 한다.
  ② 리더가 준비된 단어(예 : 구파발 교회)를 부르면 각 팀은 철자를 합해서 단어를 만들어야 한다.
  (예 : ㄱ, ㅜ, ㅍ, ㅏ, ㅂ, ㅏ, ㄹ, ㄱ, ㅛ, ㅎ, ㅗ, ㅣ)
  ③ 같은 철자를 두 개 이상씩 준비해 두는 것이 좋다. 또는 중복되지 않는 철자 내에서 단어를 선택할 수도 있다.
  (예 : 아버지)

70. 볼펜 끼고 노래부르기

- 대상 : 초등학생 이상
- 대형 : 커플형, 팀대항
- 인원 : 20명 내외
- 준비물 : 볼펜
- 지도하는 법

① 커플 또는 팀대항으로 모두 가능한 게임이다.

② 각 팀의 선수끼리 마주보고 서게 한다.

③ 선수들은 입과 코 사이에 볼펜을 끼고 리더의 '시작' 신호와 함께 지정곡을 부르도록 한다.

④ 웃음을 참지 못하거나 볼펜을 떨어뜨리게 되면 패하게 된다.

- 응용 : 볼펜 대신에 명함이나 젓가락을 사용해도 효과적이다.

71. 튜브 탑 릴레이

- 대상 : 초등학생 이상
- 대형 : 팀대항, 2열 종대형
- 인원 : 20~30명
- 준비물 : 튜브
- 지도하는 법
  ① 각 팀의 선두는 튜브를 5개씩 몸에 건다.
  ② 리더의 '시작' 신호와 함께 선수들은 반환점을 돌아와서 다음 선수에게 튜브를 벗어 전달한다.
  ③ 위와 같은 방법으로 맨 마지막 선수까지 가장 먼저 돌아온 팀이 승리하게 된다.
  ④ 연령 정도에 따라서 튜브의 숫자를 조절하되 목 부분까지 튜브를 끼우고 진행하면 매우 흥미로운 게임을 연출할 수 있다.

72. 성냥갑 릴레이

- 대상 : 초등학생 이상
- 대형 : 팀대항
- 인원 : 20~30명
- 준비물 : 성냥갑(또는 명함)
- 지도하는 법
  ① 리더는 게임 시작 전에 각 팀의 선두에게 성냥갑을 나누어 준다.
  ② 각 팀의 선두는 성냥갑을 양 발에 얹고 출발선에 대기한다.
  ③ 리더의 '시작' 신호와 함께 양 발에 성냥갑을 올려 놓은 상태에서 반환점을 돌아온 후 다음 선수에게 터치한다.
  ④ 위와 같은 방법으로 해서 가장 먼저 끝낸 팀이 승리하게 된다.
  ⑤ 준비물은 가벼운 것일수록 좋다.

73. 쌀자루 펀치

- 대상 : 초등학생 이상
- 대형 : 팀대항
- 인원 : 20명 내외
- 준비물 : 쌀자루 2개, 공 2개
- 지도하는 법
  ① 준비된 상자 또는 의자 위에 양 팀의 선수가 올라가서 공이 들어가 있는 쌀자루를 들고 마주 선다.
  ② 리더의 '시작' 신호와 함께 쌀자루를 서로 휘둘러서 상대를 상자에서 떨어뜨린다.
  ③ 떨어진 팀은 다른 사람이 계속해서 도전하며 끝까지 남아있는 팀이 승리하게 된다.

74. 화장지 고속도로

- 대상 : 초등학생 이상
- 대형 : 팀대항, 2열 종대형
- 인원 : 20명 내외
- 지도하는 법

  ① 리더는 각 팀의 선두에게 화장지를 하나씩 나누어 준다.

  ② 리더의 '시작' 신호와 함께 각 팀의 선수는 화장지를 깔면서 그 위를 밟고 반환점을 돌아오는 경기이다.

  ③ 돌아올 때는 화장지를 깔린 위에다 또 깔아서 두 겹이 되도록 한다.

  ④ 화장지가 끊어질 경우에는 처음부터 다시 시작을 해야 하며 만약 발이 화장지 밖으로 나가면 실격 처리한다.

- 응용 : 홀수 선수의 경우는 화장지를 깔고 밟으면서 돌아오게 하고 짝수 선수의 경우는 화장지를 다시 말아 가면서 돌아오도록 진행할 수도 있다.

75. 배불뚝이 릴레이

* 대상 : 초등학생 이상
* 대형 : 팀대항, 2열 종대형
* 인원 : 20〜30명
* 준비물 : 신문지
* 지도하는 법
  ① 리더는 각 팀의 선두에게 신문지를 한 장씩 나누어 준다.
  ② 각 팀의 선수는 신문지를 배 위에 올려 놓고 양 손은 뒷짐을 진 상태에서 리더의 '시작' 신호와 함께 신문지가 떨어지지 않게 반환점을 돌아오는 게임이다.
  ③ 위와 같은 방법으로 맨 마지막 선수까지 가장 먼저 반환점을 돌아온 팀이 승리하게 된다.
  ④ 신문지가 떨어졌을 경우에는 처음부터 다시 시작하도록 한다.
* 응용
  ① 신문지가 없을 때에는 모자나 책을 이용해도 좋다.
  ② 명함을 이용하여 이마에 대고 반환점을 돌아오는 경기로 변형해도 효과적이다.

76. 카우보이 가위 바위 보

- 대상 : 유치원생 이상
- 대형 : 커플형 또는 팀대항
- 인원 : 10명 내외
- 지도하는 법
  ① 서부 영화에서 보듯이 서로 등을 맞대고 선 뒤에 손과 발을 약간 벌리고 '가위'와 '바위'를 하면서 2보를 걸어간 후 제 3보째에서는 재빨리 뒤로 돌아서서 마주보면서 총을 쏘듯이 '땅！' 하고 외치며 '가위 바위 보'로 승부를 가진다.
  ② 일반적으로는 한 손 가위 바위 보를 하되 다른 형태의 가위 바위 보를 도입해서 적용해도 효과적이다.

77. 어둠 속의 팀워크

- 대상 : 초등학생 이상
- 대형 : 팀대항, 자유형
- 인원 : 40~50명
- 준비물 : 눈가리개(없을 때는 손수건을 사용할 것)
- 지도하는 법
  ① 리더는 참가자 전원에게 눈가리개를 하게 한다.
  ② 리더는 먼저 '게임시에는 전혀 말을 해서는 안된다'
  는 것을 주지시킨다.
  ③ 리더는 다음과 같은 주문을 한다.
    예) 키 순서대로 줄서기
        몸무게가 많이 나가는 순서대로 줄서기
        몸무게가 적게 나가는 순서대로 줄서기
        이름이 '가나다…' 순서대로 줄서기
        신발 사이즈대로 줄서기
        세모, 네모, 원형 만들기… 등

78. 물컵 이고 반환점 돌아오기

- 대상 : 초등학생 이상
- 대형 : 팀대항, 2열 종대형
- 인원 : 20~30명
- 준비물 : 종이컵, 물
- 지도하는 법
  ① 각 팀의 선두에 있는 선두들은 물이 담긴 종이컵을 머리 위에 올려놓고 출발선에 대기한다.
  ② 리더의 '시작' 신호가 나면 각 팀의 선수들은 조심조심 하면서 물컵을 머리에 올린 채 반환점을 돌아오는 경기이다.
  ③ 도중에 물컵이 떨어지면 출발선으로 다시 돌아와서 처음부터 다시 출발하도록 한다.
- 응용
  ① 종이컵 대신에 책이나 과일 등을 사용할 수 있다.
  ② 머리에는 물컵을 올려놓은 채, 다리 사이에 공이나 풍선을 넣고 진행시킨다.
  ③ 사이 사이에 장애물을 설치하면 더 흥미로운 게임이 된다.

79. 이름 소개하기

- 대상 : 초등학교 4학년 이상
- 대형 : 원형
- 인원 : 10∼20명
- 지도하는 법
  ① 4박자 게임으로서, 양 손으로 무릎치고, 손뼉치고, 오른손 엄지꼽기, 왼손 엄지꼽기가 기본 동작이다.
  ② 제 3호간, 즉 오른손 엄지 꼽는 동작과 함께 "○○○"를 외치고 제 4호간, 즉 왼손 엄지 꼽는 동작에서 "나와라"를 외친다.
  예) 무릎치고－손뼉치고－철수야－나와라
  ③ 이 때 철수가 받아서 자기 이름을 대고 상대의 이름을 다시 지적한다.
  예) 무릎치고－손뼉치고－철수－나왔다
  　　무릎치고－손뼉치고－영희－나와라
  ④ 서먹 서먹한 분위기를 깨기 위해서는 나이나 신분을 막론하고 이름 또는 별명을 부르면서 진행하는 것이 효과적이다.

80. 사회자 가라사대

- 대상 : 초등학생 이상
- 대형 : 사회자 집중형
- 인원 : 제한 없음
- 지도하는 법

① 사회자의 말 중에 '사회자 가라사대'란 말이 나올 때에만 다음 동작을 따라 한다.

② "사회자 가라사대"란 말이 없는데 동작을 따라 한 사람에게는 간단한 벌칙을 준다.

참가자의 실수를 유도하기 위해서 다음과 같은 동작을 준비해 본다.

예) • "사회자 가라사대" 오른손을 드세요(○)
  • 왼 손도 드세요(×)
  • 반짝 반짝(×)
  • 내리세요(×)
  • "사회자 가라사대" 손뼉을 세 번 치세요(○)
  • 한번 더(×)

③ 마치기 전에는 '기도하는 손'이나 '무릎에 손' 또는, '손뼉을 치세요' 등으로 유도하면서 4/4박자의 곡에 맞추어서 노래와 연결시킨다.

81. 가슴이 두근 두근

- 대상 : 초등학생 이상
- 대형 : 커플형, 벌칙게임
- 인원 : 2명 또는 4명(남녀)
- 준비물 : 비스켓(또는 껌), 바나나, 카메라
- 지도하는 법

① 술래를 두 명(가능하면 커플)을 모신 후에 한쪽 술래에게 비스켓을 물리고 다른 술래가 입으로 빼앗아 오게 하는 게임이다.

② 이때 리더는 카메라를 준비하여 기념촬영을 '찰칵' 해두면 좋은 추억거리가 될 것이다.

③ 술래 두 쌍을 모실 경우에는 입과 입 사이에 비스켓을 물게 하고 떨어뜨리지 않고 빨리 먹기 시합을 한다.

④ 떨어진 부스러기가 적은 커플이 승리하게 된다.

⑤ 비스켓 대신 바나바를 사용할 수도 있다.

82. 흔들 흔들 흔들

- 대상 : 유치원생 이상
- 대형 : 팀대항
- 인원 : 10~20명
- 준비물 : 솜, 음악
- 지도하는 법

① 리더는 게임 시작 전에 참가자 전원에게 작게 뜯은 솜 뭉치를 떨어지지 않도록 옷에 붙여 준다.

② 리더의 '시작' 신호와 함께 음악에 맞추어서 춤을 추면서 옷에 붙어 있는 솜 뭉치를 떨어뜨려야 하는 게임이다.

③ 이 때의 음악은 신나는 곡으로 선택하는 것이 좋다.

④ 몸만 흔들도록 하고 손이나 다른 도구를 사용하면 실격이다.

83. 동서남북 줄다리기

- 대상 : 초등학생 이상
- 대형 : 팀대항(4팀)
- 인원 : 4명 단위
- 준비물 : 원형 밧줄, 볼링핀(또는 캔 음료수)
- 지도하는 법
  ① 4팀이 할 수 있는 게임으로서 팀당 한 사람씩 4사람이 원형 밧줄 안으로 들어가서 밧줄을 배에다 걸치고 서로 사방으로 잡아당겨 팽팽하게 만든다.
  ② 리더의 '시작' 신호와 함께 각 팀의 선수들은 동서남북 각 방향으로 달려나가 전방에 있는 볼링핀을 먼저 잡는 팀이 승리하게 된다.
  ③ 선수들 전방에는 미리 2m 전방쯤에 볼링핀을 준비해 놓아야 한다.
  ④ 볼링핀의 거리를 조절하면서 게임을 진행하면 효과적이다.

84. 제멋대로 지휘하기

- 대상 : 초등학생 이상
- 대형 : 사회자 집중형
- 인원 : 제한 없음
- 지도하는 법
① 사회자는 지휘법에 따라 2/4, 3/4, 4/4, 6/8 등의 박자를 충분히 연습시킨다.
② 오른손과 왼손을 교대로 연습시킨 후에 따로따로 연주하게 한다.
  예) 오른 손은 2/4박자, 왼손은 3/4박자
③ 사회자의 '바꿔' 구호에 맞추어서 오른손과 왼손의 지휘를 바꿔가면서 진행한다.
④ 속도 조절을 통해서 흥미를 고조시킬 수 있다.

85. 풍선과 훌라후프

- 대상 : 유치원생 이상
- 대형 : 팀대항
- 인원 : 20명 내외
- 준비물 : 풍선, 훌라후프
- 지도하는 법
  ① 리더는 각 팀의 선수에게 풍선과 훌라후프를 하나씩 나누어 준다.
  ② 리더의 '시작' 신호가 나면 선수들은 풍선을 쳐서 공중으로 띄운 후 훌라후프를 머리에서 아래로 통과한다.
  ③ 위와 같은 방법으로 정해진 시간 내에 가장 많이 훌라후프를 통과한 사람이 승리하게 된다.
  ④ 풍선이 바닥에 닿은 사람은 그 때까지의 횟수만을 기록으로 한다.
  ⑤ 팀 전원의 횟수를 합쳐서 승부를 가린다.

86. 젓가락 릴레이

- 대상 : 초등학생 이상
- 대형 : 팀대항, 2열 횡대형
- 인원 : 20~30명
- 준비물 : 나무 젓가락, 성냥갑
- 지도하는 법
  ① 각 팀의 모든 선수들은 나무 젓가락을 한 짝씩 들고 선다.
  ② 리더는 각 팀의 선두에게 성냥갑을 한 개씩 준다.
  ③ 리더의 '시작' 신호와 함께 젓가락만을 이용하여 성냥갑을 팀의 맨 뒤에 있는 선수에게까지 전달하면 승리하게 된다.
  ④ 도중에 성냥갑을 떨어뜨리게 되면 처음부터 다시 시작한다.
- 응용
  ① 성냥갑 대신 동전이나 구슬, 콩, 바둑알 등을 사용하면 더욱 효과적이다.
  ② 젓가락을 한 손이 아닌 양 손에 하나씩 잡고 양 손을 이용하여 젓가락질을 하게 하면 더욱 재미있다.

87. 벌칙 가위 바위 보

- 대상 : 유치원생 이상
- 대형 : 사회자 집중형(벌칙)
- 인원 : 2명
- 준비물 : 종이 몽둥이, 눈 가리개
- 지도하는 법
  ① 게임을 하는 중에 걸린 벌칙자들을 위한 게임으로서 사회자는 두 사람의 벌칙자에게 눈을 가린 후 등을 대고 서게 한다.
  ② 두 사람 사이의 간격은 1m 정도가 되게 하고 사회자가 두 사람 사이에 선다.
  ③ 두 사람에게는 절대로 뒤를 돌아보지 말 것을 주문한 후에 가위 바위 보를 하게 한다.
  ④ 진 사람은 미리 준비해 두었던 종이 몽둥이로 때린다.
  ⑤ 게임 도중에 한 사람은 돌려 보내고 남은 벌칙자만 가지고 가위 바위 보를 계속하면서 때리도록 한다(폭소).
  ⑥ 남은 벌칙자가 혼자 있다는 것을 깨닫지 못하도록 해야 하며 노래와 함께 진행하면 효과적이다.

88. 단어 빨리 알아맞히기

• 대상 : 유치원생 이상
• 대형 : 자유형, 팀대항
• 인원 : 단어수 만큼
• 준비물 : 필기도구, 메모지
• 지도하는 법
① 리더는 먼저 메모지 한 장에 한 단어씩 표어나 속담, 격언 등 뜻이 통하는 문장을 써놓고 글자가 안보이게 뒤집어 놓는다.
② 한 팀씩 나와서 경쟁을 하게 되는데 리더의 '시작' 신호가 나면 참가자들은 메모지 한 장씩을 주워서 가슴에 대고 문장을 빨리 완성시킨 후 좌우로 정렬하여 선다.
③ 팀별로 기록을 체크하여 승자를 가린다.
　예) •'나은랑라 하이님사'를 '하나님은 사랑이라' 로
　　　•'장는이날 가이날다'를 '가는날이 장날이다' 로

89. 손수건 먼저 집어오기

- 대상 : 초등학생 이상
- 대형 : 팀대항, 2열 횡대형
- 인원 : 20명 내외
- 준비물 : 손수건
- 지도하는 법
  ① 일정한 거리를 두고 양 팀이 마주 보고 서게 한다.
  ② 양 팀의 선수들에게는 차례대로 고유번호를 붙여준다.
  ③ 양 팀의 중앙에는 손수건을 넣는다.
  ④ 리더가 1번을 부르면 각 팀의 1번 선수들이 달려나와서 손수건을 집어가야 한다.
  ⑤ 리더의 구호는 '1번 집어, 2번 집어…' 등으로 하되 이따금씩 '1번 놔, 2번 놔…' 등으로 착각을 유도하여 게임의 흥미를 더하도록 진행한다.

90. E.T 악수

- 대상 : 유치원생 이상
- 대형 : 사회자 집중형
- 인원 : 제한 없음
- 지도하는 법

① 양 손 검지 손가락을 세운 후 서로 마주 보게 한다.

② '손가락을 움직여 보세요', '양 볼에 대어보세요', '콧구멍에 넣어보세요'(폭소)… 등 손가락 훈련을 시킨다.

③ 사회자가 'E.T 악수 하나 둘 셋!'하면 양 손 검지를 빠르게 이동시켜 손가락 끝이 빗나가지 않고 마주치게 한다.

④ 숙달이 되면 눈을 감고 진행해 본다.

91. 얼음 통과 시키기

- 대상 : 유치원생 이상
- 대형 : 팀대항
- 인원 : 20~30명
- 준비물 : 조각 얼음(또는 얼음 주머니)
- 지도하는 법
  ① 리더는 각 팀의 선두에게 조각 얼음을 나누어 준다.
  ② 리더의 '시작' 신호와 함께 각 팀의 선두는 얼음을 목 부분으로 집어넣어서 바지 밑으로 통과시키고 다음 사람에게 전달한다.
  ③ 위와 같은 방법으로 맨 마지막 선수에게까지 얼음이 가장 먼저 전달된 팀이 승리하게 된다.
  ④ 조각 얼음 대신에 얼음 주머니를 사용해도 좋다.
  ⑤ 몸 속을 통과할 때 느끼는 오싹함이 여름 경기로는 제격이다.

92. 환상의 커플

- 대상 : 초등학생 이상
- 대형 : 커플형, 팀대항
- 인원 : 20~30명 정도
- 준비물 : 웨하스(또는 뻬뻬로나 새우깡)
- 지도하는 법
  ① 팀을 나눈 후에 남녀 2인 1조를 이룬다.
  ② 각 팀의 남녀는 웨하스의 양 끝을 물고 출발선에
  대기한다.
  ③ 리더의 시작 신호와 함께 출발하여 둘이 조심스럽게
  목표물을 돌아와서 다음 조에게 터치한다.
  ④ 도중에 과자가 부서지거나 떨어지면 실격으로 한다.
  ⑤ 가장 먼저 끝낸 팀이 승리하게 된다.

93. 손등으로 탁구공 전달하기

- 대상 : 유치원생 이상
- 대형 : 팀대항
- 인원 : 20~30명
- 준비물 : 탁구공
- 지도하는 법
  ① 리더는 각 팀의 선수들에게 탁구공을 하나씩 나누어 준다.
  ② 각 팀의 선두는 왼 손 손등 위에 탁구공을 올려놓고 리더의 '시작' 신호와 함께 탁구공을 다음 선수에게 전달한다.
  ③ 위와 같은 방법으로 해서 맨 마지막 선수에게까지 탁구공이 가장 먼저 전달된 팀이 승리하게 된다.
  ④ 도중에 공이 떨어졌을 경우에는 처음부터 다시 시작한다.

94. 사냥꾼 가위 바위 보

- 대상 : 유치원생 이상
- 대형 : 팀대항
- 인원 : 제한 없음
- 지도하는 법
  ① 팀장은 상대방이 알지 못하도록 자기팀이 외칠 동작을 가르쳐준 후에 리더의 지시에 따라서 구호를 외치도록 유도한다.
  ② 사냥꾼은 두 손으로 턱수염을 쓰다듬으면서 '에헴' 한다.
  ③ 호랑이는 두 손을 입가에 대고 발톱으로 할퀴는 모습을 하면서 '어홍' 한다.
  ④ 총은 두 손을 앞으로 내밀면서 '땅' 한다.
  ⑤ 사냥꾼은 총을 이기고, 총은 호랑이를 이기며, 호랑이는 사람을 이길 수 있다.

95. 위로… 아래로… 덮어

- 대상 : 초등학생 이상
- 대형 : 커플형
- 인원 : 제한 없음
- 지도하는 법
  ① 가위 바위 보를 해서 이긴 사람의 오른 주먹, 진 사람의 오른 주먹, 이긴 사람의 왼 주먹, 진 사람의 왼 주먹 순으로 탑을 쌓는다.
  ② 리더가 '위로!' 하고 외치면 맨 밑에 있는 주먹이 위로 올라오고, '아래로!' 하면 맨 위에 있는 주먹이 아래로 내려간다.
  ③ 리더는 '위로!'와 '아래로!'를 조화있게 섞어서 진행하다가 갑자기 '덮어!'라고 소리친다.
  ④ 이 때 맨 밑에 있는 사람은 자기 주먹을 펴서 잽싸게 맨 위에 있는 사람의 주먹을 덮는 게임이다.
  ⑤ 가장 먼저 덮는 사람이 승리하게 된다.

96. 차곡 차곡 꽝

- 대상 : 유치원생 이상
- 대형 : 커플형
- 인원 : 제한 없음
- 지도하는 법
  ① 둘씩 짝을 지은 상태에서 서로의 손을 엇갈려서 차곡 차곡 포개 놓는다.
  ② 리더가 '차곡 차곡…' 할 때마다 제일 아래에 있는 손을 맨 위로 차례대로 올려놓는다.
  ③ 리더가 '차곡 차곡…' 하다가 갑자기 '꽝!'이라고 외치면 맨 위에 있는 손이 밑에 손을 힘차게 내려친다.
  ④ '꽝' 대신에 '콩','꽉','찍','꽥'… 등으로 실수를 유도한다.

97. 애벌레 경주

- 대상 : 초등학생 이상
- 대형 : 팀대항
- 인원 : 20~30명
- 지도하는 법
  ① 팀당 3-4명이 한 조를 이룬다.
  ② 각 팀의 조는 바닥에 애벌레 형태로 엉덩이를 대고 다리를 오므리고 바싹 다가서서 앉는다.
  ③ 맨 앞과 중간에 있는 선수의 팔은 뒷 사람의 무릎을 양 손으로 잡고, 맨 뒤에 있는 선수는 양 팔을 바닥에 짚은 상태에서 반환점을 돌아 먼저 오는 팀이 승리하게 된다.
  ④ 같은 모양의 조를 여럿 만들어서 릴레이 형태로 진행할 수도 있다.

98. 눈으로 하는 가위 바위 보

- 대상 : 유치원생 이상
- 대형 : 커플형
- 인원 : 제한 없음
- 지도하는 법
  ① 시작하기 전에 리더는 커플들에게 10cm 정도 거리를 두고 마주보도록 명령한다.
  ② 두 손의 검지 손가락을 눈가에 댄다(기본동작).
  ③ 가위는 두 손의 검지 손가락을 오른손은 위로, 왼손은 아래로 향하게 한다.
  ④ 바위는 두 손의 검지 손가락으로 눈 꼬리를 양 쪽 다 아래로 향하도록 민다.
  ⑤ 보는 두손을 좌·우로 벌린다(귀신의 모습처럼).

99. 굴렁쇠 굴리기

- 대상 : 초등학생 이상
- 대형 : 팀대항
- 인원 : 20명 내외
- 준비물 : 굴렁쇠, 굴렁쇠 고리
- 지도하는 법
  ① 리더는 각 팀 선수에게 굴렁쇠와 굴렁쇠 고리를 나누어 준다.
  ② 리더의 '시작' 신호와 함께 출발하여 각 팀의 선수들은 굴렁쇠를 굴리면서 반환점을 돌아와야 한다.
  ③ 위와 같은 방법으로 해서 가장 먼저 끝내는 팀이 승리하게 된다.
- 응용 : 굴렁쇠를 '제자리에 돌리기'로 변형해서 진행해도 좋다. 이때는 가장 오래 도는 굴렁쇠가 승리하게 된다.

100. 손가락을 잡아라

- 대상 : 초등학생 이상
- 대형 : 원형 또는 일렬 횡대형, 사회자 집중형
- 인원 : 10~20명
- 지도하는 법
  ① 참가자는 전원 왼손 바닥을 펴서 위로 향하게 하고 오른손 검지 손가락을 오른쪽에 앉아 있는 사람의 왼손 바닥 위에 올려 놓는다.
  ② 사회자가 "곤지 곤지…"라는 구령을 붙이면 오른손 검지 손가락을 가볍게 찔렀다 뺐다 한다.
  ③ 이 때 사회자가 "잡아!" 하고 외치면 왼손은 상대의 손가락을 붙잡고 오른손은 상대에게 붙잡히지 않도록 빨리 도망하여야 한다.
  ④ 손을 바꾸어서 진행해 본다.
  ⑤ 사회자가 '곤지 곤지…' 하다가 '곤지!'를 갑자기 크게 외치면 자신도 모르는 사이 잡고, 피하게 되므로 사회자는 적절하게 사용해서 참가자들의 실수를 유도해 내야 하며 '잡아!' 대신에 '잡자!', '잡부', '잡넘'… 등 유사한 단어로 실수를 유도한다.

101. 천국 박수

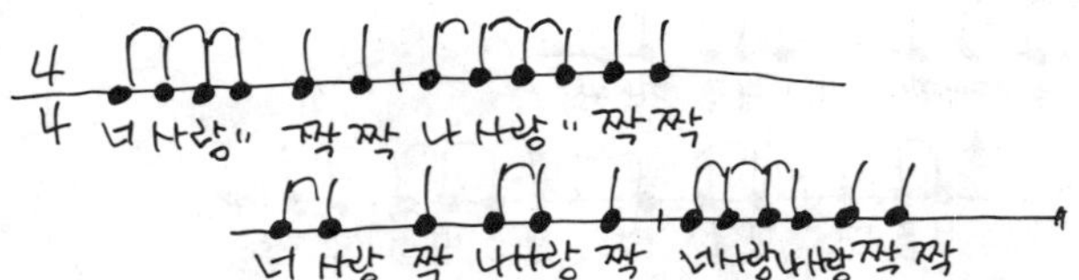

- 너 사랑 너 사랑 : 상대의 볼을 쓰다듬어준다.
- 나 사랑 나 사랑 : 자신의 볼을 쓰다듬는다.

102. 지옥 박수

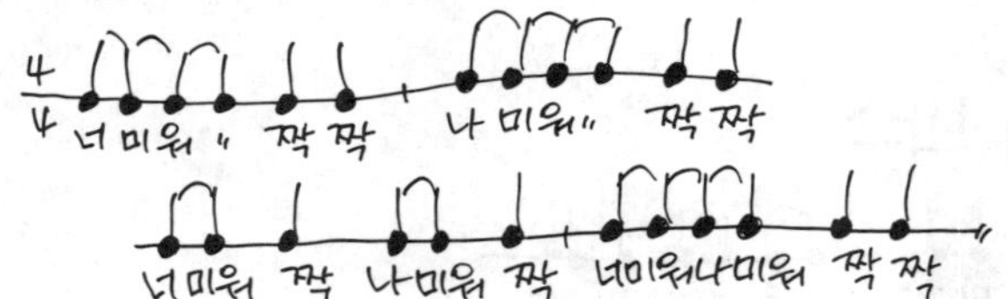

- 너 미워 너 미워 : 상대의 볼을 꼬집는다.
- 나 미워 나 미워 : 자신의 볼을 꼬집는다.

103. 끄덕 까닥 박수

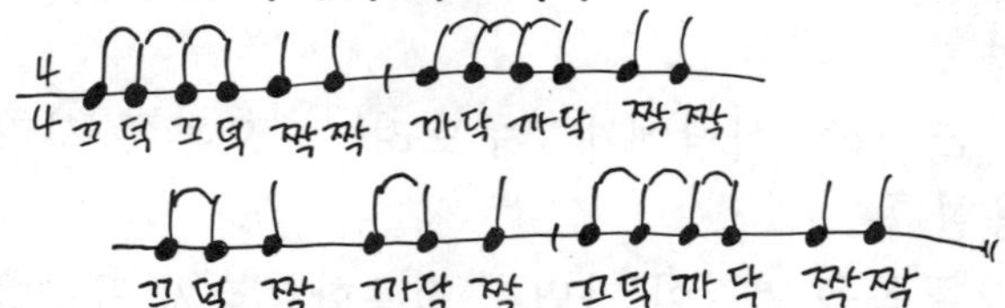

- 끄덕 끄덕 : 머리를 위 아래로 끄덕 거린다(yes)
- 까닥 까닥 : 머리를 좌 우로 흔든다(No)

104. 싱글 벙글 박수

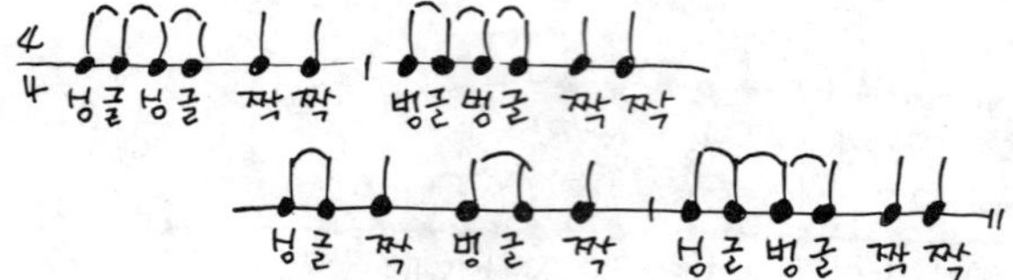

- 싱글 싱글 : 양 손의 엄지와 검지 손가락을 이용하여 동전 모양의 원을 만들고 나머지 세 손가락을 편 상태에서 바깥쪽에서 안쪽으로 원을 그리며 돌린다.
- 벙글 벙글 : 안쪽에서 바깥쪽으로 원을 그리며 돌린다.

105. 안마 박수

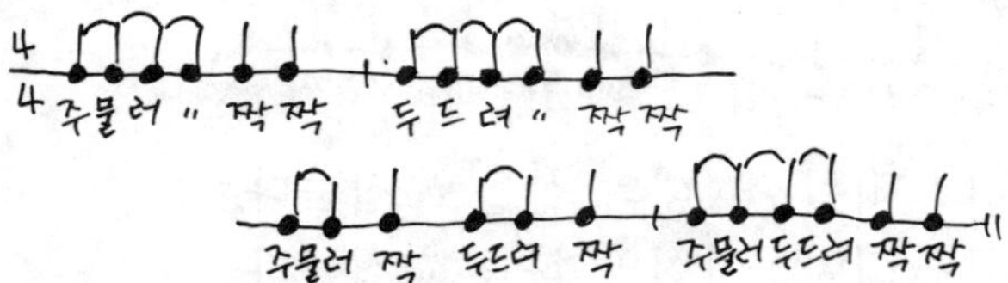

- 주물러 주물러 : 앞사람의 어깨를 양손으로 주물러 준다.
- 두드려 두드려 : 앞사람의 등을 양손으로 두들긴다.

- 지도하는 법
  ① '주물러'는 왼쪽 사람에게 '두드려'는 오른쪽 사람에게 적용한다.
  ② 왼쪽과 오른쪽을 번갈아 가면서 적용함으로써 친교와 함께 피로를 충분히 풀어주도록 한다.

106. 엉덩이 박수

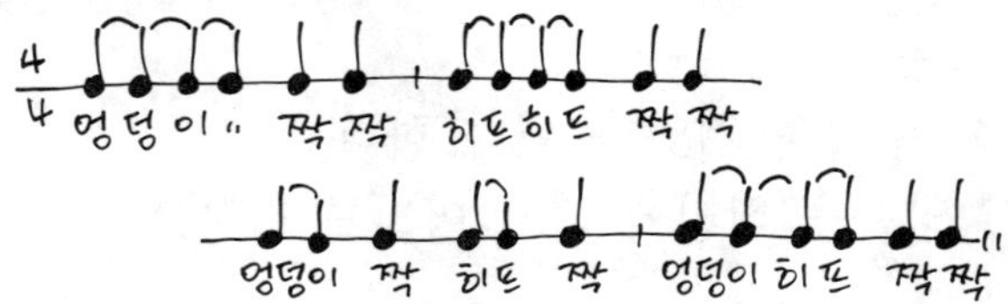

- 엉덩이 엉덩이 : 자신의 오른쪽 엉덩이를 살살 두드린다.
- 히프 히프 : 자신의 왼쪽 엉덩이를 살살 두드린다.

- 지도하는 법
  처음에는 자신의 엉덩이를 찌르면서 진행한 후 차츰 상대방의 엉덩이로 옮겨가면서 적용하면 효과적이다.

107. 킹콩 치타 박수

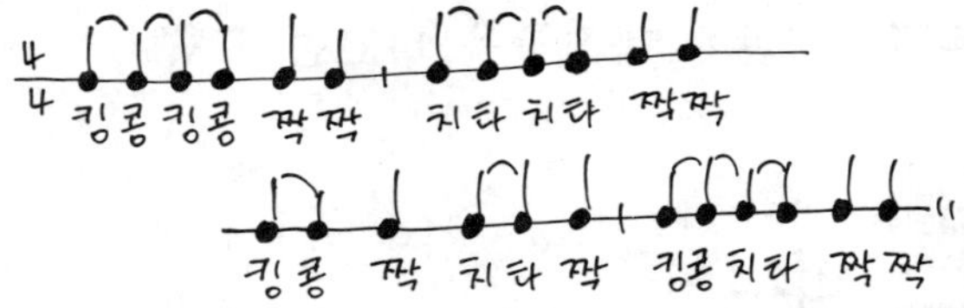

- 킹콩 킹콩 : 굵은 목소리로 소리지르며 자신의 가슴을 양 손으로 내려친다.
- 치타 치타 : 가는 목소리로 소리지르며 원숭이 흉내를 낸다.

108. 곤지 · 잼 · 도리 박수

- 곤지 곤지 : 오른손 검지 손가락으로 왼손 손바닥을 찌른다.
- 잼 잼 : 양손 주먹을 쥐었다 폈다 한다.
- 도리 도리 : 양손을 허리에 대고 머리를 좌우로 흔든다.

109. 멋쟁이 박수

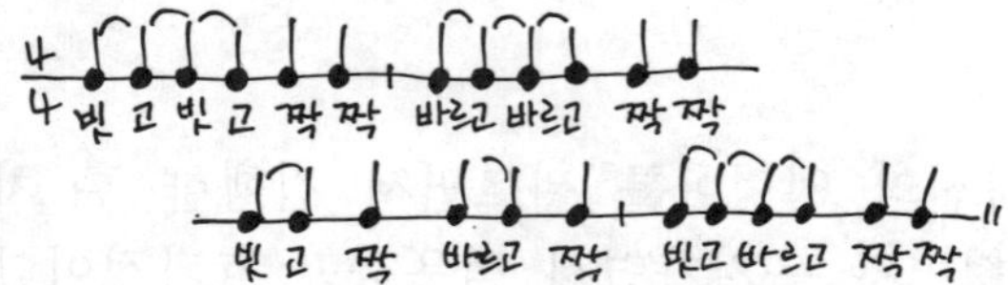

- 빗고 빗고 : 왼손으로 거울을 만들어 세우고 보면서 오른손으로 머리 빗는 모습
- 바르고 바르고 : 얼굴에 화장품을 바르는 모습

110. 신닦스 박수

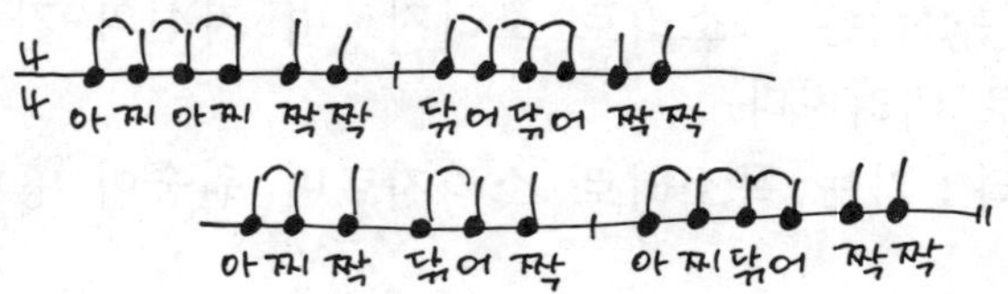

- 아찌 아찌 : 양 손 엄지를 꼽고 좌우로 교대로 벌리며 '아찌 아찌'를 외친다.
- 닦어 닦어 : 구두를 닦는 모습

111. 자기 몰라 박수

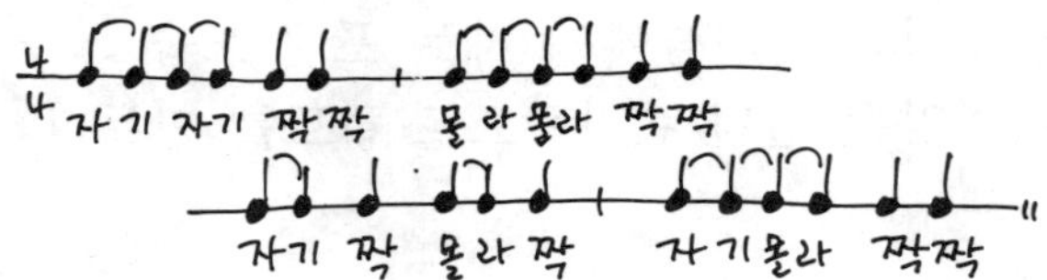

- 자기 자기 : 검지 손가락으로 옆사람의 옆구리를 살짝 찌른다.
- 몰라 몰라 : 얼굴을 붉히면서 고개를 돌리고 부끄러워 하는 모습을 취한다.

112. 번개 박수

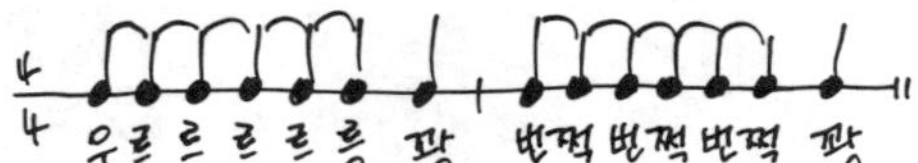

- 우르르르르릉 : 두 손을 실타래 감듯 돌린다.
- 번쩍번쩍번쩍 : 두 손을 높이 들고 별이 반짝이는 모습을 한다.
- 꽝 : 손뼉을 크게 한번 친다.

113. 믿음 · 소망 · 사랑 박수

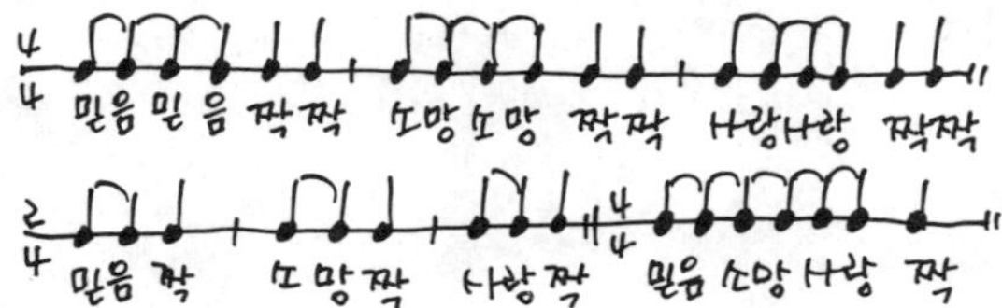

- 믿음 믿음 : 양손을 모으고 기도하는 모습
- 소망 소망 : 양손을 가슴에 ×자로 포갠 모습
- 사랑 사랑 : 양손 검지 손가락으로 하트를 만든다.

114. 짱구 박수

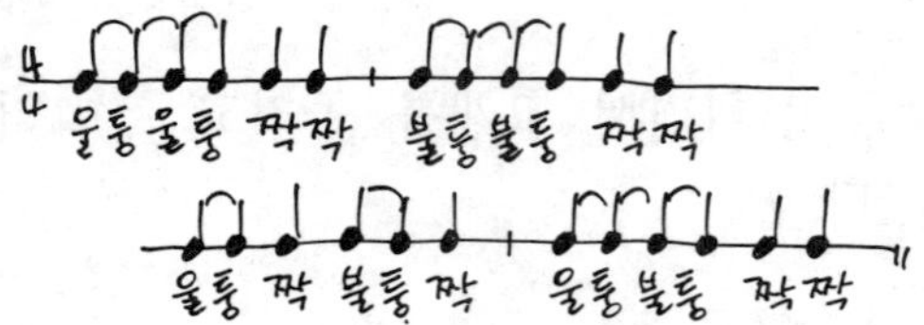

- 울퉁 울퉁 : 양손 주먹 쥐고 양볼 옆에서 두드린다.
- 불퉁 불퉁 : 양손 주먹 쥐고 오른손은 뒤통수에, 왼손은 코에 대고 살짝 두드린다.

115. 떠들어 속삭여 박수

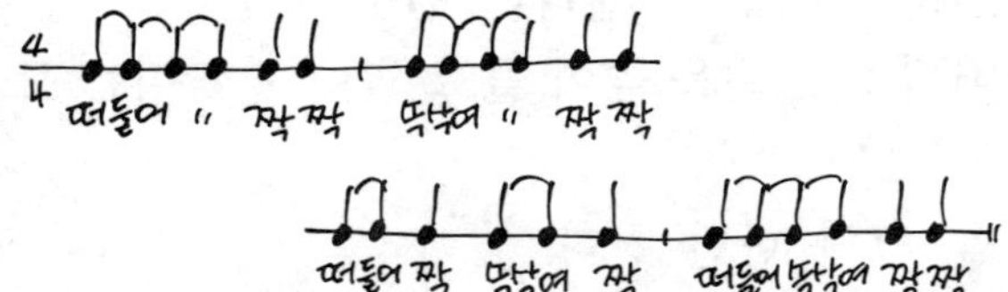

- 떠들어 떠들어 : 상대방에게 손가락질을 하며 큰소리로 외친다.
- 속삭여 속삭여 : 두 손을 입가에 대고 까불거리면서 조용히 소근거린다.

116. 경마 박수

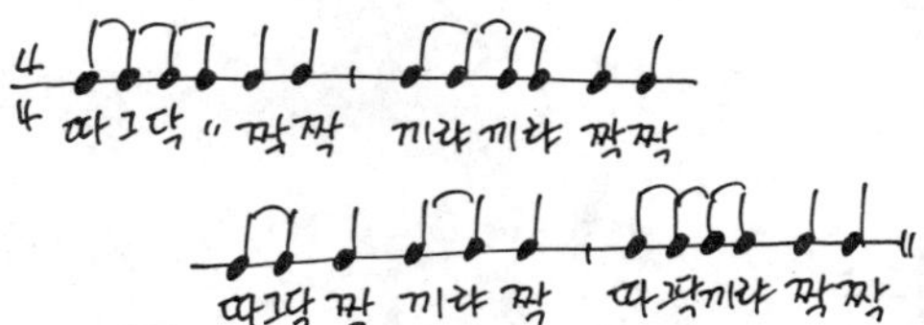

- 따그닥 따그닥 : 말 고삐를 잡고 달리는 모습
- 끼랴 끼랴 : 채찍으로 말의 엉덩이를 때리듯이 자신의 엉덩이를 때린다.

117. 오리 박수

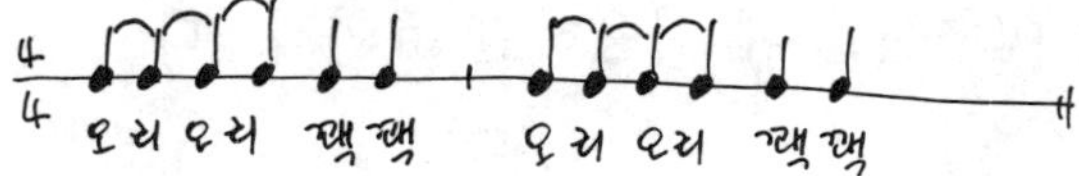

- 오리 오리 : 오른손을 세우고 손끝이 어깨를 향하고 있다가 손목만 앞으로 돌려서 쿵후의 '사권'을 만든다. 이때 왼손은 오른손 팔꿈치에 댄다.

118. 다같이 박수

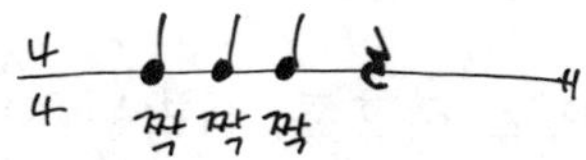

- 지도하는 법
  박수게임 도입시 사용하면 좋으며 장래가 어수선해서

게임진행이 어려울 때 간간이 이용하면 좋은 효과를 얻을
수 있다.

119. 빙고 박수

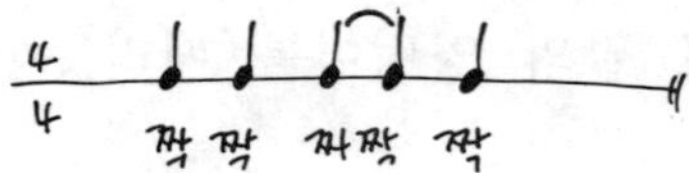

• 지도하는 법
① 박자에 맞추어서 손뼉을 친다.
② BINGO 노래에 맞추어서 적용하면 효과적이다.
③ 장래가 어수선할 때 사용하면 효과적이다.

120. 간호사 박수

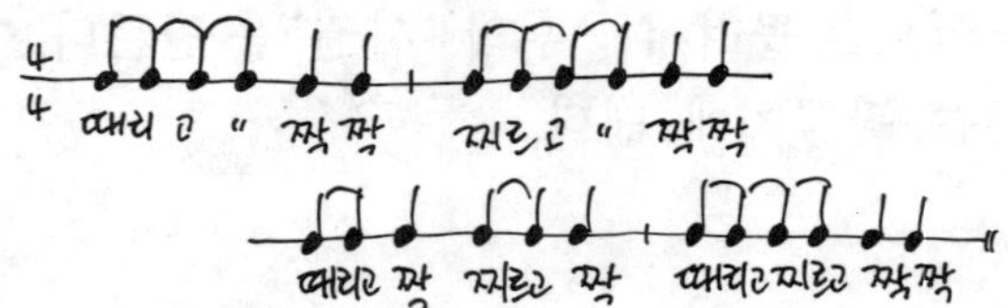

먼저 사회자가 '준비'라고 외치면 주사맞을 준비를 해야
하는데 환자는 바지벗는 동작을 취하며 '안 아프게 놓아
주세요'라고 말한다.
• 때리고 때리고 : 왼손 바닥으로 히프를 때리는 모습
• 찌르고 찌르고 : 오른손 검지 손가락으로 주사 바늘 모
  양을 하고 찌른다.
※ 2인 1조가 되어서 순서를 바꿔가면서 진행한다.

121. 화장 박수

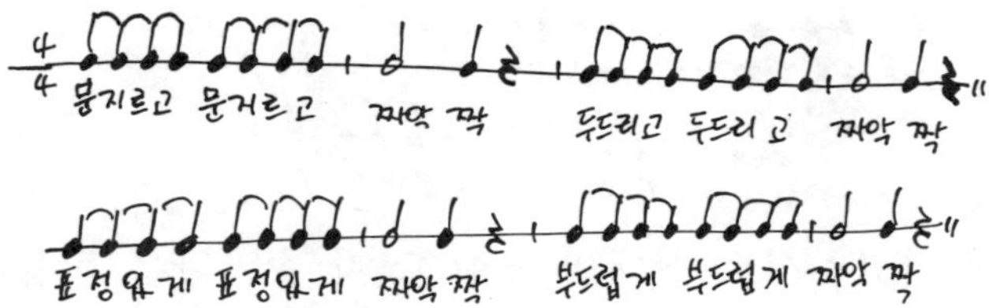

- 문지르고 : 양 손에 화장품을 바른 후 문지르는 모습
- 두드리고 : 오른손으로, 왼손 바닥치고 오른뺨 치고(2호 간) 왼손 바닥치고 왼뺨 치지(2호간)
- 표정있게 : 검지 손가락으로 솔을 만들어 속눈썹 칠하는 모습
- 부드럽게 : 립스틱을 입술 위 아래에 바르는 모습

122. 와시 박수

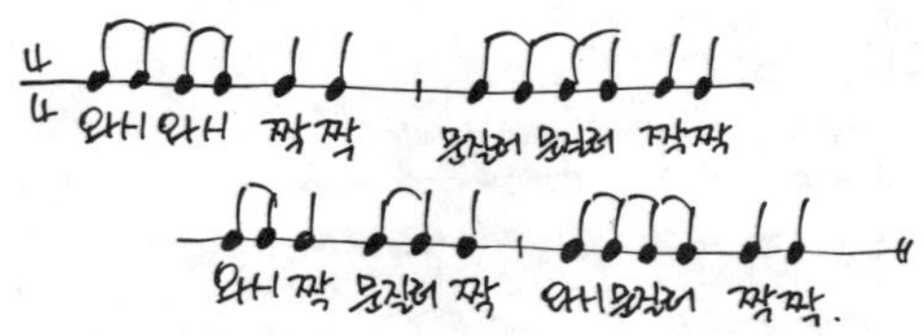

- 와시 와시 : 얼굴을 세수하는 모습
- 문질러 문질러 : 두 손으로 몸을 문지르는 모습

123. 코 박수

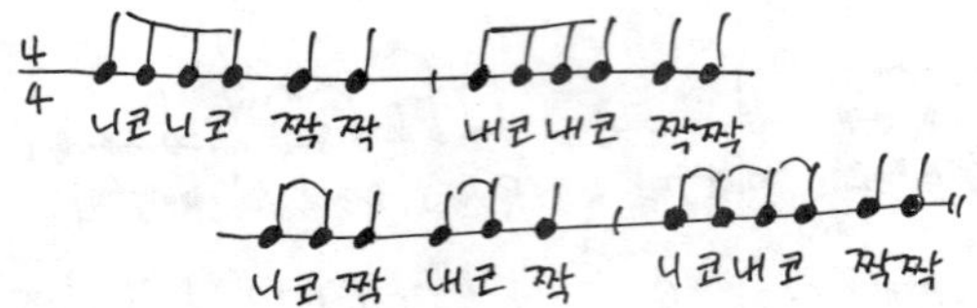

- 니코 니코 : 서로 상대의 코를 검지 손가락을 이용하여 만진다.
- 내코 내코 : 자신의 코를 검지 손가락으로 만진다.

- 응용하는 법
  ① '니코 니코' 대신에 '니귀 니귀 ×× 내귀 내귀××', '니허리 니허리×× 내허리 내허리 ××' 등으로 바꾸어서 적용하라.
  ② 처음엔 '니코 니코'로 시작하고 차츰 '니 배꼽', '니 허리', '니 히프' 등으로 심도있게 적용하라.

124. 머리 체조 박수

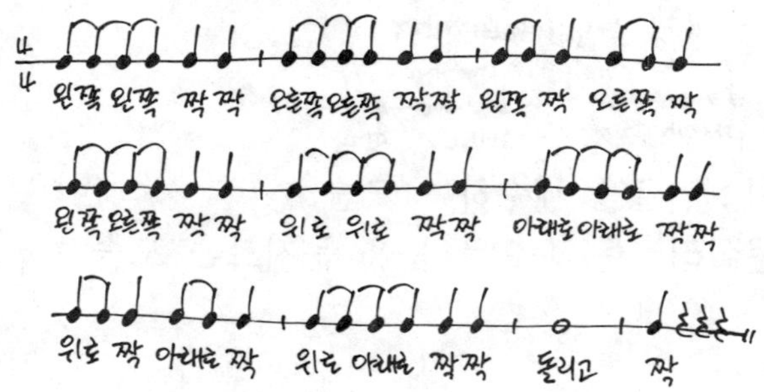

◉ 왼쭌 왼쪽 : 머리를 왼쪽으로 돌리기

- 오른쪽 오른쪽 : 머리를 오른쪽으로 돌리기
- 위로 위로 : 머리를 뒤로 젖히기
- 아래로 아래로 : 머리를 끄덕이기
- 돌리고 : 머리를 좌에서 우로 돌린다.

125. 뺨 박수

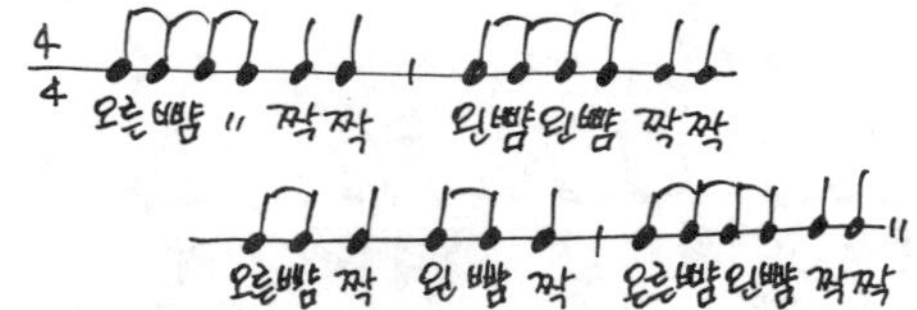

⊙ 오른뺨 오른뺨 : 왼손으로 상대의 오른뺨을 만져준다.
⊙ 왼뺨 왼뺨 : 오른손으로 상대의 왼뺨을 만져준다.
※ 처음에 자신에게 적용하고 다음엔 상대에게 적용하도록
  한다.

126. 스테레오 박수

- 지도하는 법
  ① A는 좌우로 박수를 치고 B는 상하로 박수를 친다.
  ②좌우로만 박수를 칠 경우에는, A가 칠때는 B는 벌리고,
    A가 벌릴 때는 B가 친다.
  ③팀 별로 나누어서 A형, B형으로 적용해도 좋으며 2팀일

경우에는 4/4박자 곡에 맞추고, 3팀일 경우에는 3/4 박자에 맞춘다.

④3팀일 경우에는 1박자는 치고 2박자는 쉬도록 한다.

127. 통닭 박수

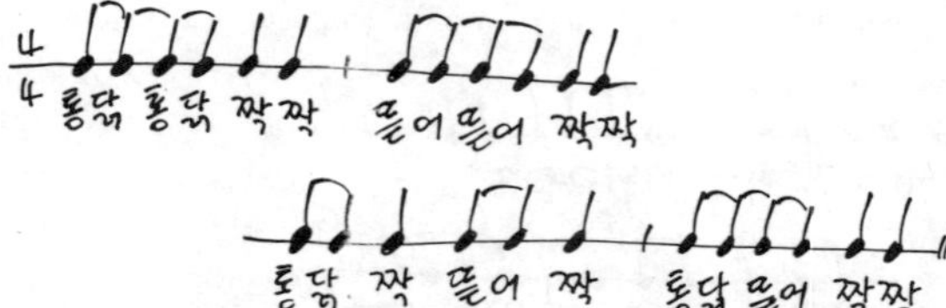

- 통닭 통닭 : 통닭을 잡고 입가에 댄 후 좌우로 왔다 갔다 하는 모습
- 뜯어 뜯어 : 통닭을 잡고 입가에 댄 후 상하로 왔다 갔다 하는 모습

128. 사격 박수

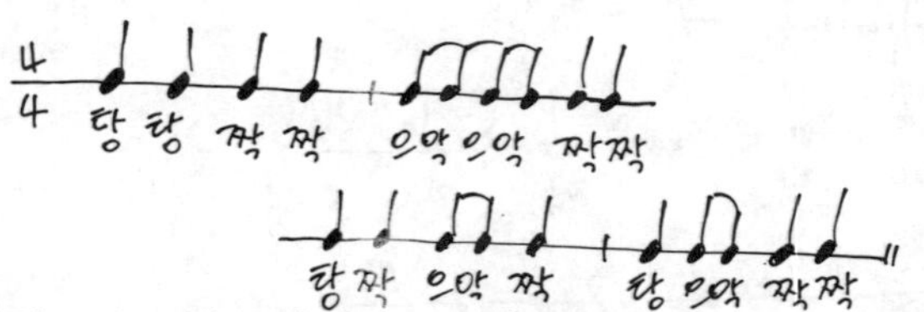

- 탕탕 : 오른손 검지로 권총을 만들어 쏘는 모습
- 으악 으악 : 두 손을 뒤로 젖히고 총을 맞아 죽는 모습
※ 연기를 실감나게 하면 매우 효과적이다.

129. 아프리카 흑인 박수

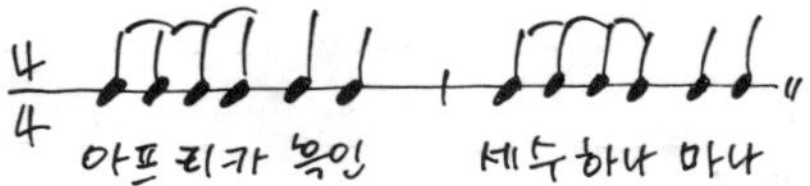

- 아프리카 흑인 : 자신의 무릎 2번 치고 손뼉 2번 치기
- 세수 : 세수하는 모습
- 하나마나 : 왼손으로 오른손 팔꿈치를 잡고 오른손을 세운 후에 좌우로 흔든다

130. 미사일 박수

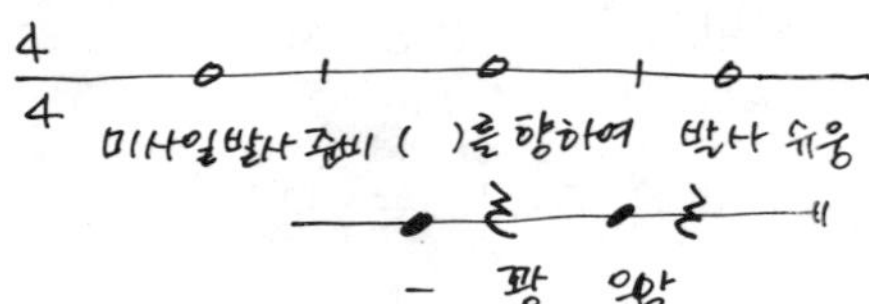

- 지도하는 법
  ① 리더는 먼저 '미사일 발사 준비'라는 구호를 외친다.
  ② 이 때 참가자들은 '푸-'라는 소리와 함께 왼손을 펴서 좌측으로 이동시키고 오른손은 펴서 세운다.
  ③ 리더가 '○○를 향하여 발사!'라고 외치면 참가자들은 '슈웅-'하고 외치면서 오른손의 미사일이 왼손의 목표물을 향해서 포물선을 그리며 발사된다.
  ④ 리더와 함께 목표물을 향해서 미사일이 투하되다가 리더가 '쾅'하고 손바닥을 마주치면 참가자들도 함께 '쾅'하고 손뼉을 친 후 모두 두 손을 들고 '으악-' 하며 죽는 시늉을 한다.

⑤ 리더는 '쾅'만 하고 관중들은 '으악'만 하면서 진
행해도 효과적이다.

131. 인절미 박수

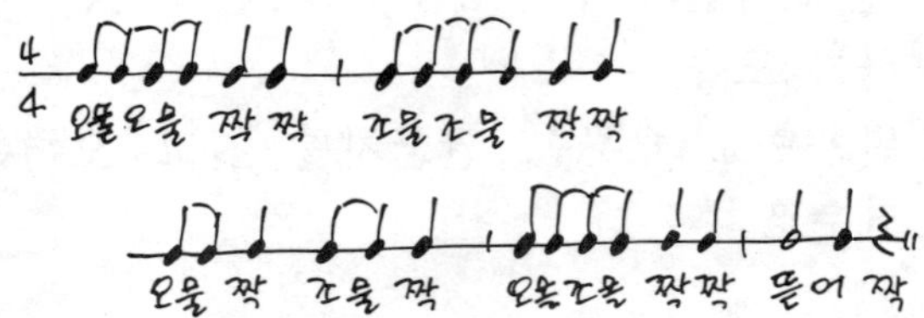

• 오물 오물 : 양 손을 입가에 대고 밤을 까먹듯이 까불
거린다.
• 조물 조물 : 양 손을 바깥으로 향한 채 손가락을 까불
거린다.
• 뜯어 : 통닭을 뜯듯이 떡을 뜯어먹는 모습

• 응용하는 법
'인절미 박수' 끝에다 각 나라말의 독특한 접미어를
붙여서 진행한다.
① 북한 : 오물동무 오물동무 ×× 조물동무 조물동무
×× 오물동무 × 조물동무× 오물동무 조물동무××
뜯어동무×(동무)
② 일본 : (이노)
③ 프랑스 : (랑 또는 성)
④ 독일 : (리히)
⑤ 소련 : (스키)

⑥ 이태리 : (르카)

⑦ 멕시코 : (르)

※ 각 나라의 독특한 언어이므로 특색있게 발음해야 하며
제스처를 만들어서 적용하면 더욱 효과적이다.

132. 빨래 박수

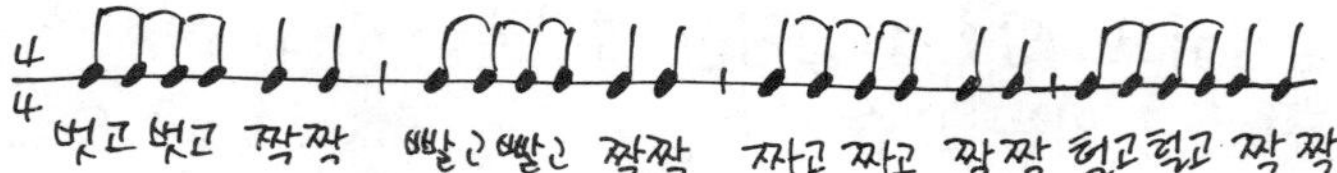

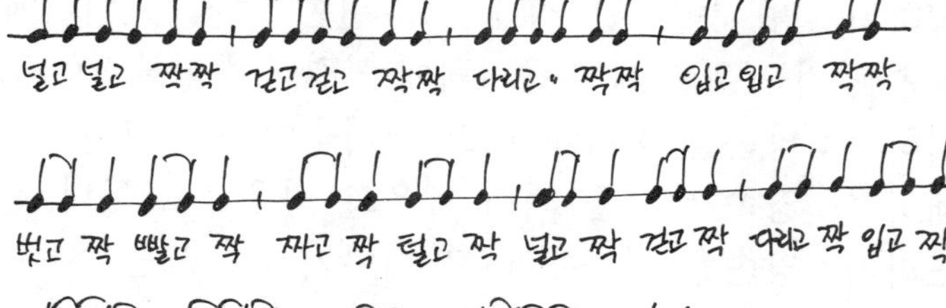

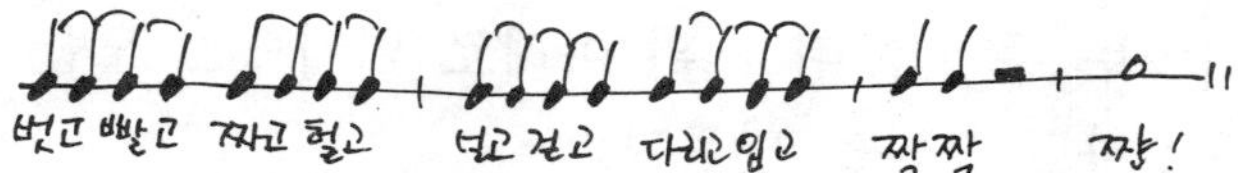

- 벗고 벗고 : 옷 벗는 모습
- 빨고 빨고 : 빨래하는 모습
- 짜고 짜고 : 오른손과 왼손을 비틀어서 빨래 짜는 모습
- 털고 털고 : 두 손으로 빨래 끝을 잡고 털기
- 걷고 걷고 : 왼손으로 바구니를 만들고 오른손으로 빨
래를 걷어서 담는 모습
- 다리고 다리고 : 다림질하는 모습
- 입고 입고 : 스웨터를 입는 것처럼 머리에서 허리까지
쓸어 내린다.
- 짠! : 양 손에 V자를 만들고 폼을 잰다.

133. 믿음 박수

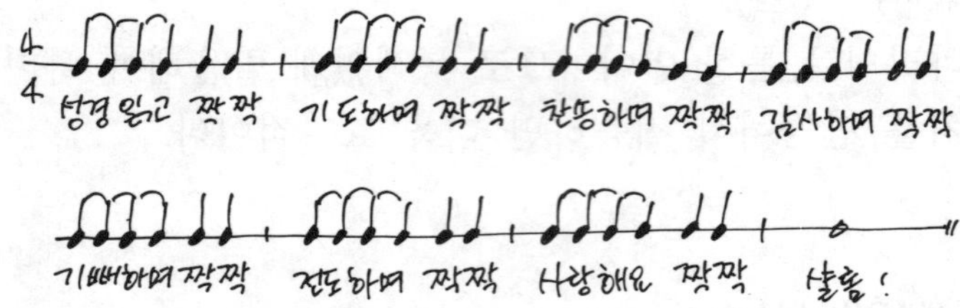

- **성경읽고** : 양손을 펼쳐서 성경책을 만든 후 좌우로 흔들며 책 읽는 모습
- **기도하며** : 손 모아 기도하는 모습
- **찬송하며** : 양 손을 편 상태에서 왼손 엄지는 입가에 오른손 엄지는 왼손 새끼 손가락에 연결하여 까불거린다.
- **감사하며** : 양손을 허리에 대고 머리숙여 인사한다.
- **기뻐하며** : 양손 바닥을 펴서 세우고 좌우로 흔든다.
- **전도하며** : 양손을 입가에 대고 이야기하는 모습
- **충성하며** : 두 주먹을 쥐고 위 아래로 역기드는 모습
- **사랑해요** : 하트 모양을 만든다.
- **샬롬!** : 어깨를 주물러 주거나 서로 껴안는다.

134. 고릴라 박수

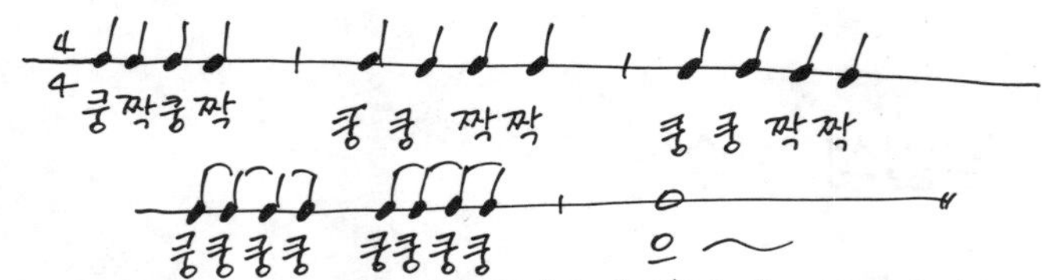

- 쿵× 쿵× : 양 손 주먹쥔 상태에서 오른손으로 왼쪽 가슴치고 손뼉 1회, 왼손으로 오른쪽 가슴치고 손뼉 1회 치기
- 쿵쿵×× 쿵쿵×× : 오른손 주먹으로 왼쪽 가슴 두 번 치고 손뼉 2회, 왼손 주먹으로 오른손 가슴 두 번 치고 손뼉 2회 치기
- 쿵쿵쿵쿵 쿵쿵쿵쿵 : 오른손 주먹과 왼손 주먹으로 가슴을 교대로 두들기기
- 으~ : 인상 한번 쓰고 원숭이 흉내내기

※ 사회자가 '고릴라 박수 준비' 하면 참가자들은 양 주먹을 불끈 쥔 상태에서 목을 집어 넣고 어깨를 올린 상태에서 '야!'하고 외친다.

135. 참새 박수

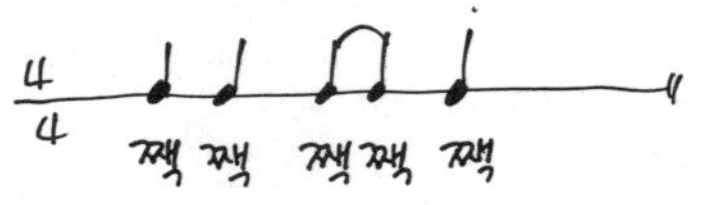

- 짹짹 : 양손을 입가에 겹쳐서 모으고 까불거리면서 '짹 짹' 소리를 낸다(2호간).
- 짹짹짹 : 양 손을 양 옆으로 벌려서 날개치는 모습을 하며

'짹짹짹' 소리를 낸다(2호간).

136. 김일성 박수

• 지도하는 법
① '김일성 박수 준비!'하면 양 손 손바닥을 편 상태로 가슴 앞에서 30cm 정도의 간격을 두고 멈춰서 세운다.
② 사회자가 '때리라우!' 하면 절도있게 '좋아 좋아' 하면서 1박자에 1회씩 손뼉을 친다.

137. 인민군 박수

• 지도하는 법
① 사회자가 '인민군 박수 준비!'하면 양 손 손바닥을 편 상태로 가슴 앞에서 30cm 정도의 간격을 두고 멈춰서 세운다.
② 사회자가 '때리라우!'하면 빠른 속도로 손뼉을 친다.

138. 모택동 박수

• 지도하는 법
① 사회자가 '모택동 박수 준비!'하면 양손 손바닥을 편 상태에서 오른손 등은 위로 가게 하고 왼손 등은

아래로 가도록 30cm 정도의 간격을 벌리고 멈춰 세
운다.
② 사회자가 '때리라우' 하면 빠른 속도로 손뼉을 친다.

139. 히틀러 박수

• 지도하는 법
  ① 사회자가 '히틀러 박수 준비!' 하면 오른손은 번쩍
    들고 왼손은 주먹을 쥔 상태에서 오른쪽 가슴 앞에서
    멈춘다.
  ② 사회자가 '갈기라우' 하면 왼손 주먹으로 오른쪽 가
    슴을 두들긴다.

140. 후세인 박수

• 지도하는 법
  ① 사회자가 '후세인 박수 준비!' 하면 양 손 손바닥을
    편 상태로 턱수염 난 곳에 댄다.
  ② 사회자가 '갈기라우' 하면 턱수염 난 부분을 두들긴
    다.

141. 손수건 박수

• 지도하는 법

① 사회자 집중을 위한 박수로서 사회자는 손수건을 공중에 던진다.
② 손수건이 아래로 떨어질 때 사회자는 아무 높이에 서든지 손수건을 손으로 잡을 수 있는데 사회자가 손수건을 잡을 때 참가자들은 손뼉을 쳐야 한다.
③ 손수건이 떨어지는 속도의 사회자가 손수건을 잡는 타이밍을 잘 맞추면 좋은 집중 게임이 된다.

142. 소나기 박수

• 지도하는 법
① 마치 소나기가 내리듯 손뼉을 세차게 계속해서 내려친다.
② 주로 마지막 박수 게임을 마칠 때 '저를 위해서 우뢰와 같은 박수를 보내주셔서 감사합니다'라고 멘트하고 마치면 좋은 효과를 얻을 수 있다.

143. 지휘자 박수

• 지휘법

(2/4박자)　　　(3/4박자)　　　(4/4박자)　　　(6/4박자)

- 지도하는 법
  ① 먼저 지휘법을 정확하게 익힌다.
  ② 2/4박자는 2박자에, 3/4박자는 3박자에, 4/4박자는 4박자에, 6/4박자는 6박자에 손뼉을 친다.
  ③ 처음에는 박자별로 한 가지씩 천천히 익힌 다음 네 가지 지휘법을 섞어서 지휘함으로써 실수를 유도해낸다.
  ④ 진행 도중에 rit, ⌢ , ▅, f, p 등으로 속도와 박자 등 강약을 조절하여 사용하면 큰 효과를 얻을 수 있다.

144. 시계 박수

- 지도하는 법
  ① 사회자가 '괘종시계 박수'하면 참가자들은 혀로는 '똑딱 똑딱…'하면서 시계 소리를 내고, 두 손은 세우고 시계추처럼 움직이는 모습을 취한다.
  ② 사회자가 '10시'하면 참가자들은 입으로는 '땡땡… 땡'을 10번 외치고, 손뼉을 10회 친다.
  ③ 이 게임의 지도 포인트는 '10시 30분'이라든가 '12시 30분' 또는 '15시' 등인데 사회자가 이러한 시간들을 호명하면 참가자들은 착각하여 실수를 하게 된다. 왜냐하면 괘종시계는 30분 대는 종을 한 번만 치기 때문이다.

• 요령
① 사회자가 '손목시계 박수 준비'하면 '똑딱 똑딱…' 대신에 '째각 째각…' 소리를 내야하고 종을 치지는 않는다.
② 사회자가 '전자시계 박수 준비'하면 손은 멈추고, 사회자가 '10시'하고 외치면 '삐리릭 삐리릭…삐리릭'을 10회 소리내야 한다.

145. 모여 박수

• 지도하는 법
① 사회자의 '모여' 구호에 참가자들은 손뼉을 1회 친다.
② 사회자의 '모여'라고 외치는 수에 맞추어서 손뼉수를 늘려가도록 한다.
③ 사회자가 '빨리 모여'라고 하면 서로 간질러 준다.
④ 사회자가 '어서 모여'라고 하면 서로 꼬집어 준다.
⑤ 사회자가 '지금 모여'라고 하면 서로 포옹을 한다.
⑥ 사회자가 '조용히 모여'라고 하면 참가자들은 '합죽이가 됩시다 합'이라고 하면서 검지를 입에 갖다 댄다.
⑦ 사회자는 진행 중에 '모습, 모임, 모자…' 등 비슷한 말을 사용하여 참가자들의 실수를 유도한다.
⑧ '조용히 모여'는 기도하고 마칠 때 사용하면 효과적이다.

146. 오징어 땅콩 박수

• 지도하는 법
  ① 게임의 사회자가 '오징어' 하고 외치면 참가자들은 '땅콩' 하고 외치면서 손뼉을 1회 친다.
  ② 사회자가 '땅콩'을 외치면 참가자들은 '오징어'를 외치는데 이때는 손뼉을 쳐서는 안된다.
  ③ 사회자는 오징어와 땅콩을 적절히 섞어서 참가자들의 착각을 유도해야 한다.
  ④ 위와 같은 게임의 응용으로 '핑퐁', '땅 따당', '쿵떡' 등의 단어들을 집어넣어서 진행할 수 있다.

147. 기차 박수

• 지도하는 법
  ① 기차의 기적소리를 박수 게임화한 놀이이다.
  ② 사회자의 오른손이 앞으로 나오면 참가자들은 입으로 '칙' 소리를 내고 오른손이 뒤로 나오면 '폭' 소리를 낸다.
  ③ 사회자의 오른손이 코를 만지면 참가자들은 '빵' 하고 경적 소리를 크게 낸다.
  ④ 사회자는 오른손을 앞 뒤로 조절하면서 '칙칙 폭폭'을 유도하고 가끔씩 코를 만져서 '빵' 소리를 내게 하면서 기차가 달리는 모습을 연출한다.

148. 반대 모션 박수

• 지도하는 법
① 사회자가 손뼉을 치면 참가자들은 손을 반대로 밀어낸다.
② 사회자가 손을 밖으로 밀어내면 참가자들은 손뼉을 친다.
③ 사회자가 두 손을 들고 반짝 반짝하면 참가자들은 아래에서 반짝 반짝한다.
④ 사회자가 두 손을 아래로 내리고 반짝 반짝하면 참가자들은 두 손을 들고 반짝 반짝한다.
⑤ 사회자는 참가자들이 먼저 동작을 반대로 따라하도록 충분히 연습을 시킨 후에 동작이 익숙해지면 4/4박자의 곡에 맞추어서 진행하도록 한다.
⑥ 사회자 집중을 위한 게임으로 좋은 소재의 게임이며, 모션은 얼마든지 만들어서 적용할 수 있다.

149. 비 박수

• 지도하는 법
① 비가 내리는 모습을 박수 게임으로 만든 놀이이다.
② 사회자의 멘트 속에 '이슬비'라는 말이 나오면 참가자들은 아주 작은 소리로 빠르게 손뼉을 친다.
③ '보슬비'라는 말이 나오면 '이슬비'보다 조금 세게 손뼉을 친다.
④ '가랑비'라는 말이 나오면 '보슬비'보다 좀더 세게

손뼉을 친다.

⑤ '소나기'라는 말이 나오면 세고 빠르게 손뼉을 친다.

⑥ '우박'이라는 말이 나오면 세고 빠르게 손뼉 1회 치고, 한 박자 쉬고 손뼉 1회 치고, 또 한 박자 쉬고 손뼉 1회 치는 방법으로 끊어서 손뼉을 친다.

⑦ '뇌성'이라는 말이 나오면 두 손을 실타래감듯 돌리면서 입으로는 '우르르르~꽝'하고 외치고 '꽝' 동작에서는 손뼉을 세게 친다(4호간).

⑧ '번개'라는 말이 나오면 두 손을 반짝 반짝 하면서 흔들어 주고 입으로는 '번쩍 번쩍'하다가 '꽝'하면서 손뼉을 세게 친다.

⑨ 사회자는 사전 멘트를 충분히 연습한 후 진행하도록 한다.

⑩ 마칠 때에는 '이슬비'로 소리를 죽였다가 '비가 그쳤습니다'로 조용히 만든 후 '광고'로 이어지면 효과적이다.

150. 사회자 환영 박수

• 지도하는 법

① 사회자가 먼저 참가자들에게 사회자의 모션과 참가자들의 행동에 대해서 설명해 준다.

② 사회자가 걸어나오면 참가자들은 고개를 끄덕이며 '아하'하고 소리를 낸다.

③ 사회자가 오른손을 들면 참가자들은 '손뼉'을 친다.

④ 사회자가 왼손을 들면 참가자들은 '와'하고 함성을

지른다.

⑤ 사회자가 양손을 들면 참가자들은 '손뼉과 함성'을 함께 지른다.

⑥ 사회자가 정중히 인사를 하면 참가자들은 '일어나서 손뼉을 치며 함성'을 지른다.

⑦ 사회자가 손을 입가에 대면 참가자들은 '휘파람'을 불며 손뼉을 친다.

⑧ 사회자가 오른손을 들어서 흔들면 참가자들은 '옆 사람을 치면서 함성'을 지른다.

⑨ 사회자가 넥타이를 만지면 참가자들은 '발을 구르면서' 함성과 손뼉을 친다.

⑩ 사회자는 충분히 연습한 후에 처음부터 연속 동작으로 진행한다.

⑪ 마칠 때에는 '저를 이렇게 열렬히 환영해 주셔서 감사합니다'라고 멘트하면 장내엔 폭소가 터진다.

151. 예수님 때문에

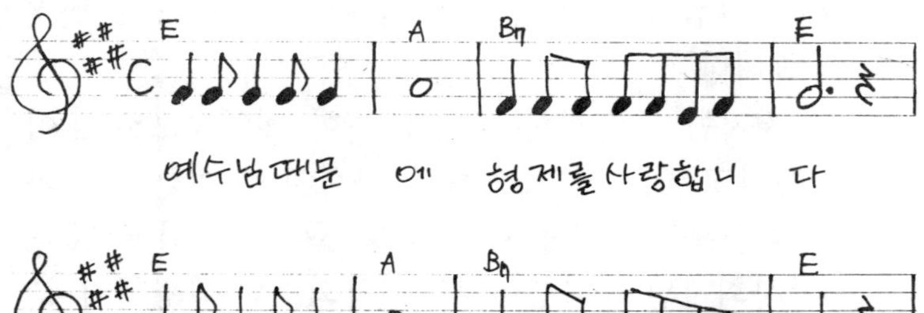

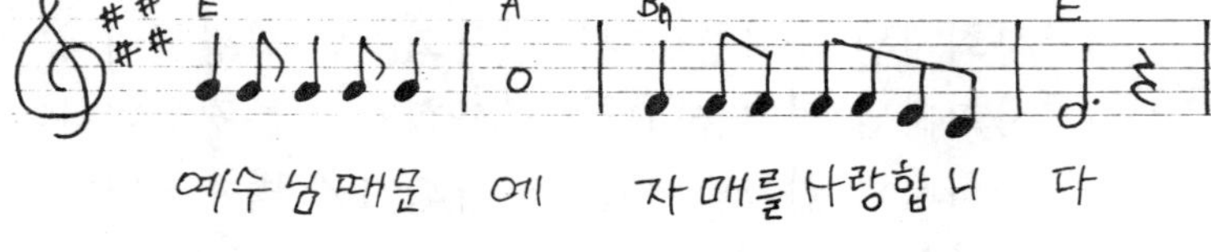

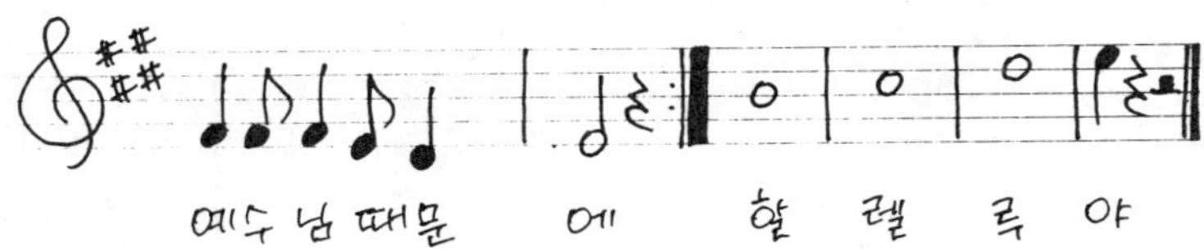

■ 지도하는 법

＊ 게임

① '형제를 사랑합니다'와 '자매를 사랑합니다' 대신
   에 다음과 같이 적용한다.
   • '옆사람과 인사합니다' – '옆사람과 악수합니
     다'
   • '옆사람과 윙크합니다' – '옆사람과 안마합니

　　다'
- '옆사람을 안아줍니다' – '옆사람과 뽀뽀합니다'
  (폭소)
- '옆사람을 꼬집어 줍니다' – '옆사람을 간질러
  줍니다'

② 본 저자는 강습회시 도입을 위한 게임송으로 많이
사용하고 있는데 계속해서 사회자에 대한 집중과
이미지 부각을 위해서 다음과 같이 적용하고 있다.
- '사회자님 좋아합니다' – '사회자님 사랑합니다'
- '사회자님 멋있습니다' – '사회자님 존경합니다'
- '사회자와 인사합니다' – '사회자께 박수칩니다'

③ '사회자와 인사합니다' 부분에서는 서로 '안녕하
세요' 하며 인사를 나누고 마지막에 '사회자께 박
수칩니다' 로 '저는 이제 여러분을 지도할 ○○입
니다' 라는 이미지를 확실하게 심어준 후 레크리에
이션을 인도한다면 참가자들로부터 많은 기대와
호응을 얻게 될 것이다.

152. 기차놀이

Game song
Round song
Folk dance

■ 지도하는 법

  * 모션 및 댄스

  ① 오른쪽으로 돌아서 : 일렬원의 상태에서 모두가 오른쪽으로 '우향 우'를 한다.

  ② 기차놀이 하며 : 앞사람의 허리를 잡고 기차를 만든다.

  ③ 달려가 보자 : 런닝스텝으로 돈다.

④ 왼쪽으로 돌아서 : '좌향 좌'를 한다.

⑤ 다같이 안으로 모여서 : 원을 만든 후 옆사람 손을 잡고 '들어갈까 말까 에라 들어가자'(앞으로 1보 -뒤로 1보-앞으로 1보-다시 앞으로 1보) 하면서 안으로 모인다.

⑥ 인사합시다 : 서로 인사를 나눈다.

⑦ 다같이 밖으로 나오며 : 원을 만든 후 옆사람 손을 잡고 '나올까 말까 에라 나오자' 하면서 밖으로 나온다.

⑧ 악수를 합시다 : 옆사람과 악수를 나눈다.

＊ 게임

① '악수를 합시다' 대신에 '안마를 합시다', '포옹을 합시다', '꼬집어 줍시다', '간질어 주어라', '뽀뽀 해 주어라'(폭소)… 등으로 변형해서 적용해 본다.

② 또는 '악수를 합시다' 대신에 '다섯 명 모여라', '영화는 빠져라'… 등으로 '짝짓기 게임'으로 유도할 수도 있다.

③ 포크댄스로 사용할 때는 '악수를 합시다' 부분에서 옆사람과 왼쪽 팔짱을 끼고 한 바퀴 돈 후에 오른쪽 팔짱을 끼고 한 바퀴 돈 후 한 사람 건너로 이동해서 짝을 체인지하면 된다.

④ 돌림노래이므로 4팀으로 나누어서 부른다.

153. 우리는 친구

■ 지도하는 법

  * 게임

  ① 우리 서로 인사합시다 : 서로 마주보고 상대방 어깨
     위에 손을 얹고, 오른쪽 어깨 왼쪽 어깨 순으로 껴
     안는다.

  ② 안녕하세요 : 무릎 2번 손뼉 2번 치고 인사를 한다.

  ③ 우리 서로 악수합시다 : 상대방 어깨 위에 손을 얹
     는다.

④ 반갑습니다 : ②와 동일
⑤ 안아주세요 : 서로 포옹을 한다.
⑥ 꼬집어 주세요 : 서로 꼬집는다.
⑦ 간질어 주세요 : 서로 간지른다.
⑧ 그러다보니 : 양 손을 허리에 대고 고개를 끄덕인다.
⑨ 우리는 서로 : 양 손을 가슴에 X자로 모은다.
⑩ 친구됐네요 : 새끼 손가락을 걸고 좌우로 흔든다.

154. 빙빙 돌아라

■ 지도하는 법

* 게임

① 손을 잡고 오른쪽으로 빙빙 돌아라 : 워킹 스텝으로
8호간 오른쪽으로 돈다.

② 손을 잡고 왼쪽으로 빙빙 돌아라 : 워킹 스텝으로
8호간 왼쪽으로 돈다.

③ 뒤로 살짝 물러났다 : 뒤로 4보 물러난다.

④ 앞으로 다시 다들 모여서 : 앞으로 4보 전진하여

선다.
⑤ 손뼉치고 : 손뼉을 4회 친다.
⑥ 인사를 합시다 : 고개를 숙여서 인사한다.
⑦ '인사를 합시다' 대신에 '3명 모여라', '악수합시다', '간질어 주어라', '꼬집어 주어라', '안마해 주어라', '안아 주어라', '뽀뽀합시다', '○○빠져라' 등으로 변형해서 적용해 본다.

155. 호키포기

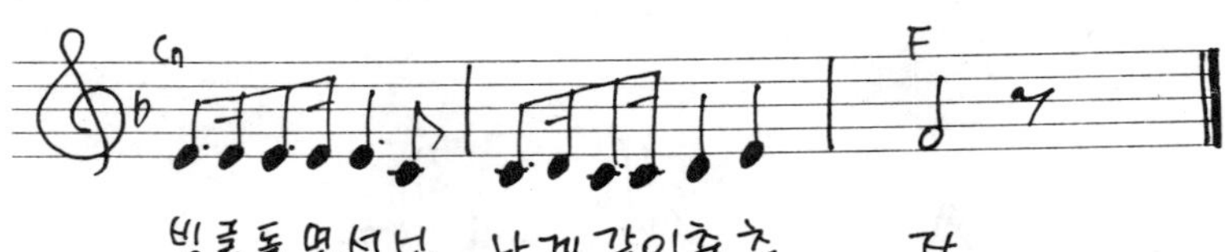

■ 지도하는 법

　＊ 모션 및 댄스

① 다같이 : 준비동작

② 오른손을 안에 넣고 : 오른손을 안에 넣고 흔든다.

③ 오른손을 밖에 넣고 : 오른손을 밖으로 빼고 흔든다.

④ 힘껏 흔들어 손들고 : 손을 크게 흔들다가 두 손을 높이 쳐든다.

⑤ 호키포키 하며 : 무릎 2번 손뼉 2번 치기

⑥ 빙글돌면서 : 파트너와 팔짱끼고 왼쪽으로 4호간 돈다.

⑦ 신나게 같이 춤추자 : 파트너와 팔짱끼고 오른쪽으로 4호간 돌고 4호간은 커플 체인지를 한다.

⑧ 다음과 같이 계속 반복한다.
　　예) 왼손, 오른발, 왼발, 엉덩이, 머리, 온몸, 오른
　　어깨, 왼어깨…

156. 장글 숲

■ 지도하는 법

* 모션

① 장글 숲을 : 양 손을 둥그렇게 돌리며 올려서 머리 위에서 잡는다.

② 헤쳐서가자 : 헤엄치는 동작 2회

③ 엉금엉금 : 양 손을 앞으로 하여 오리 모양을 만든다.

④ 기어서 가자 : 오리 모양으로 걷는 모습

⑤ 늪지대를 : 양 손을 교대로 좌우로 펼친다.

⑥ 넘어서 가자 : 양 손으로 계단을 오르는 모습

⑦ 악어떼가 나올라 : 양 손의 손목 부분을 붙이고 악어 입모양처럼 열었다 닫았다 하다가 상대방을 껴안는다.

*게임

① '악어떼' 대신에 '상어떼', '독사떼', '벌떼'… 등으로 바꿔가면서 진행한다.

② 만나는 사람마다 가위 바위 보를 해서 이긴 사람은

앞에 서고 진 사람은 뒤에 서서 모션을 취하면서
게임을 진행하다가 이긴 사람끼리 다시 승부를 가
려서 마지막까지 남는 사람이 그날의 '악어왕'이
된다.

157. 가위 바위 보 내기

Motion Song
Game Song

홍정표 H·곡

■ 지도하는 법
  * 모션
  ① 친구들과 사이좋게 : 서로 마주보고 앞사람의 어깨를 교대로 잡는다.
  ② 가위 바위 보 : 어깨를 끌어당겨 좌우로 포옹을 한다.
  ③ 내기해 보 : 왼손끼리 악수를 한 후 흔든다.
  ④ 자 : 오른손 주먹을 쥐고 '자'에게 어깨로 올린 후 서로 '가위 바위 보' 중의 하나를 내민다.
  ⑤ 진 사람은 : 진 사람은 인사를 한다.
  ⑥ 손을 들고 : 양 손을 위로 번쩍 든다.
  ⑦ 이긴 사람은 : 수염을 쓰다듬는다.
  ⑧ 간질러주자 : 진 사람의 겨드랑이를 간질러 준다.
  * 게임
  가위 바위 보를 다음과 같이 변형해서 적용해 본다.
  ① 입으로 하는 가위 바위 보

- 가위 : 혀를 내민다
- 바위 : 입을 꼭 다문다
- 보 : 입을 '아' 하고 크게 벌린다.

② 눈으로 하는 가위 바위 보
- 가위 : 양 손 검지를 눈두덩이 위에 대고 오른손은 위로 왼손은 아래로 향하게 한다
- 바위 : 양 손 검지를 눈두덩이 위에 대고 살짝 눌러 준다.
- 보 : 양 손 검지를 눈가의 양 끝에 대고 좌우로 벌린다.

③ 코로 하는 가위 바위 보
- 가위 : 검지를 자신의 코에 대고 옆으로 밀어준다.
- 바위 : 검지로 코를 '쿡' 눌러준다
- 보 : 검지로 코를 들어올려서 돼지코를 만든다

④ 쿵후 가위 바위 보
- 가위 : 쿵후 동작의 사권
- 바위 : 양 손 주먹을 허리에 댄다
- 보 : 양 손 바닥을 펴고 앞으로 쭉 내밀며 장풍을 만든다

⑤ 가위 바위 보를 해서 비겼을 때는 모두다 손을 들고 서로 간지럼을 태우도록 한다.

158. 꼬마 생쥐

■ 게임

① 아삭 아삭 북북 : '아삭 아삭'에서는 양 손을 입가에 대고 좌우로 움직이고 '북북'에서는 상하로 움직인다.

② 꼬마생쥐 : 양 손의 검지를 펴서 좌우로 움직이기

③ 살그머니 : 상대와 왼손을 잡고 가위 바위 보

④ 부엌으로 : 이긴 사람이 진 사람의 왼손을 잡고 손등 위에서부터 검지와 장지 손가락을 이용하여 간지럽히며 지그재그로 기어 올라가기

⑤ 찬장 속을 봤구나 : 계속 타고 오르다가 '봤구나'에서 목부분에 정지한다.

⑥ 어! 맛있는 ○○○양냠냠 : 쥐가 좋아하는 기호식품 이름을 대며 목 부분을 사정없이 간지럽힌다.

⑦ 리더가 게임을 인도하며 리더의 지시에 따라서 쥐의 기호식품일 때는 간지럼을 태우고 아닐 때는 멈춰 있도록 한다.

⑧ 효과를 극대화하기 위해서는 허리에서 출발하여
겨드랑이에서 멈추고 겨드랑이를 간지럽힌다.

159. 찬송을 부르세요

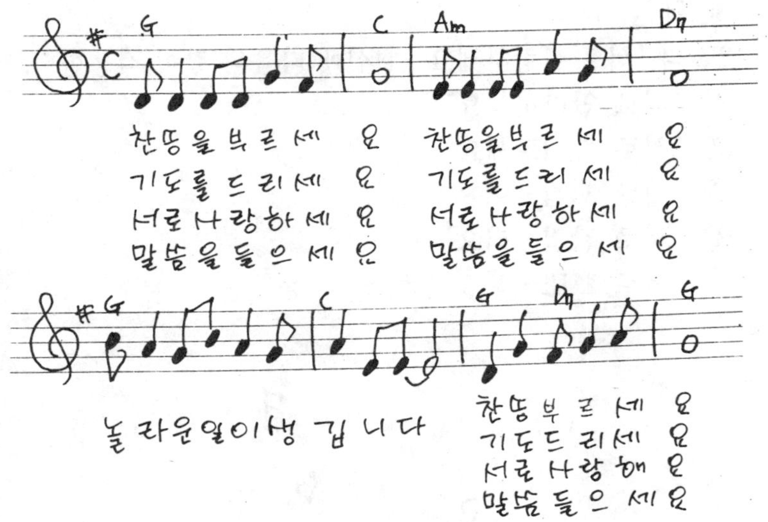

■ 지도하는 법

*** 모션**

① 찬송을 부르세 : 왼손 엄지는 입에 대고 오른손 엄지는 왼손 새끼 손가락에 댄 다음 좌에서 우로 움직이며 까닥인다.

② 요 : 양 손을 입가에 대고 말하기 좌우 동작

③ 놀라운 일이 생깁니다 : 손뼉친 후 양 손을 뒤로 젖히며 넘어지는 동작 2회 반복

④ 기도를 드리세 : 기도하는 모습

⑤ 요 : 양 손 바닥이 하늘로 향한 상태에서 지그재그로 올린다.

⑥ 서로 사랑하세 : 서로 마주보고 양 볼을 만져준다.
⑦ 요 : 서로 포옹을 한다.
⑧ 말씀을 들으세 : 성경책을 펴는 모습
⑨ 요 : 양 손을 귓가에 교대로 댄다.
＊ 게임
3절의 '서로 사랑하세요' 대신에 다음과 같이 적용한다.
① '서로 안마하세요'
② '서로 간지르세요'
③ '서로 꼬집 — 어요'
④ '서로 간질 — 러요'
⑤ '서로 뽀뽀 — 해요' (폭소)… 등

160. 바윗돌 깨뜨려

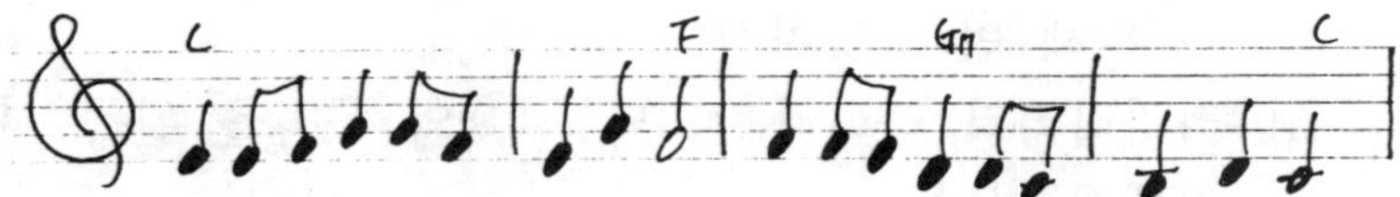

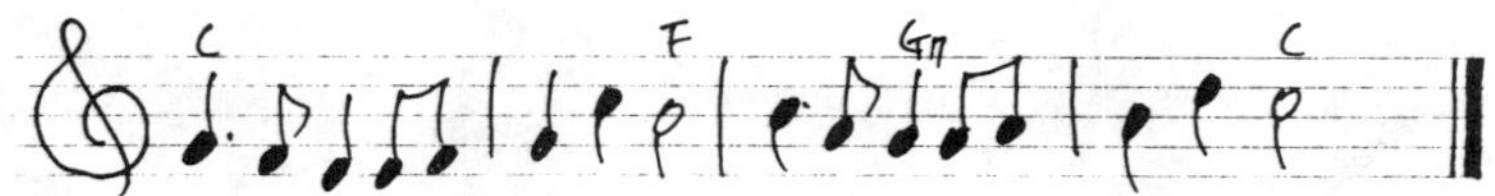

■ 지도하는 법

* 모션

① 바윗돌 깨뜨려(또랑물 모여서) : 무릎 두 번 손뼉 두 번(기본동작)

② 돌덩이(개울물) : 양 손으로 큰 원을 그린다(개울물 흐르는 모습).

③ 돌덩이 깨뜨려(개울물 모여서) : ①과 동일

④ 돌맹이(시냇물) : 원을 조금 작게 줄인다(물이 조금 크고 빠르게 흐른다)

⑤ 돌맹이 깨뜨려(시냇물 모여서) ①과 동일

⑥ 자갈돌(큰 강물) : 양 손 주먹을 쥔 상태로 위아래로 두들긴다(물이 좀 더 크게 흐른다)

⑦ 자갈돌 깨뜨려(큰강물 모여서) : ①과 동일
⑧ 모래알(바닷물) : 왼손바닥을 펴고 오른손 검지 손
  가락으로 부비는 동작(물이 세차고 크게 좌우로
  요동한다)
⑨ 라라라라라 : 자신의 손뼉 1회 치고 오른쪽 사람의
  왼손바닥을 1회 치기(2번 반복)
⑩ 라라라 : 자신의 손뼉 1회 치고 오른쪽 사람과 손
  바닥 세 번 부딪치기
⑪ 라라라라라 라라라 : ⑨와 ⑩의 동작을 왼쪽 사
  람에게 한다.

161. 둘이 살짝 손잡고

■ 지도하는 법

 * 모션 및 댄스

① 둘이 살짝 손잡고 : 짝의 양 손을 잡고 좌우로 흔든다.

② 오른쪽으로 돌아요 : 오른쪽 팔짱끼고 오른쪽으로 돈다.

③ 왼쪽으로 돌아요 : 왼쪽 팔짱끼고 왼쪽으로 돈다.

④ 내 무릎 치고 : 자신의 무릎을 양 손으로 3번 친다.

⑤ 네 어깨 치고 : 상대의 어깨를 3번 친다.

⑥ 내 손뼉 치고 : 손뼉 3회 친다.

⑦ 네 손뼉 치고 : 상대 손바닥과 3번 마주친다.

⑧ 왼쪽으로 돌아요 : 마지막에서는 짝을 바꾼다.

162. 목장길 따라

■ 지도하는 법

＊ 모션

① 손가락을 이용한 LOVE

　• L : 양 손의 엄지와 검지를 직각으로 펴서 'L'자를 만든다.

　• O : 양 손의 엄지와 검지를 둥그렇게 해서 'O'자를 만든다.

　• V : 양 손의 검지와 장지를 펴서 'V'자를 만든다.

●E : 양 손의 검지와 장지와 약지를 펴서 'E'자를
만든다.
② 온몸을 이용한 LOVE

163. 안녕하세요

Motion Song
Game Song
Gospel Song

■ 지도하는 법

* 모션

① 눈을 보세요 : 양 손으로 원을 만들어 눈가에 댄 다음 빙글빙글 돌린다.

② 반짝반짝 두 눈 : 양 손을 위로 올려 반짝반짝 거린다.

③ 을 : 양 손으로 원을 만들어 눈가에 댄다.

④ 고개를 숙이며 : 양 손을 머리에 교대로 올린 다음 '며'에서 머리를 숙인다.

⑤ 안녕하세요 : 손뼉을 2번 친 다음 서로 인사한다.

⑥ 제 이름은 ○○○ : 양 손 엄지를 꼽은 후에 자신을 가리키는 동작 2회 후 양 손 엄지를 세워서 교대로 앞으로 내민다.

⑦ 교회는 ○○교회 : 양 손으로 교회(∧)를 만든 후 떼었다 붙였다 한다.

⑧ 아ー아 : 양 손을 허리에 대고 고개를 끄덕인다.

⑨ 그렇습니까 : 손뼉을 3번 친다.

⑩ 정말 반갑습니다 : 악수를 나눈 후에 서로 포옹을 한다.

⑪ 날좀 보세요 : 오른손 검지를 볼에 대고 왼손은 오른손 팔꿈치에 댄 후 반대동작

⑫ 아름다운 얼굴을 : 양 손등을 턱에 받친 후 예쁘게 위 아래로 움직인다.

⑬ 오른손 내밀어 : 오른손을 내민다.

⑭ 만져주고 : 만져준다.

＊ **게임**
2절의 '오른손 내밀어' 대신 '두 손을 내밀어'로, '만져주고' 대신에 '안아 주세요', '간질러 주세요', '꼬집어 주세요', '안마하세요'… 등으로 변형해서 적용한다.

164. 노래 불러라

■ 지도하는 법
  * 게임
① 팀을 나눈 후에 팀장을 선출한다.
② '불러라' 부분을 어느 팀이 가장 크게 부르는지
시합을 해본다.
③ 팀 순서대로 '동작을 할 수 있는 동사'로 변형해서
부르게 한다.
  예) • A팀 : '안마해 안마해 어깨 안마해…다같이

안마하자'
　• B팀 : '걸어라 걸어라 천천히 걸어라…다같
　이 천천히 걸어'
④ A팀이 노래할 때 다른 팀들은 노래 가사대로 동작
하며 노래한다.
⑤ '동작을 할 수 있는 동사의 예'
　예) 날아라, 춤춰라, 기어라, 때려라, 긁어라, 웃어라,
　　　업어라, 뛰어라, 안아라, 꼬집어, 악수해, 뽀뽀해,
　　　간질러, 울어라…

165. 둥글게 둥글게

정근 작사
이두언 작곡

■ 지도하는 법

* 모션

① 둥글게 둥글게 : 양 손을 실타래 감듯 돌리다가 마지막 박자에 손뼉 1회 치기

② 빙글 빙글 돌아가며 : 실타래 감는 동작을 천천히 한다.

③ 춤을 춥시다 : 좌우 어깨 춤추기
④ 손뼉을 치면서 : 무릎 2번 치고 손뼉 2번 치기
⑤ 노래를 부르며 : 양 손을 입가에 대고 노래하는 모
습
⑥ 랄라라라 즐거웁게 춤추자 : 양 손으로 실타래 감는
동작을 좌에서 우로 왔다 갔다 한다.
⑦ 링가링가링가 링가 링가 링 : 오른손 엄지 꼽아 좌
에서 우로 하고 왼손 엄지 꼽아 우에서 좌로 흔든다.
⑧ 링가링가링가 링가 링가 링 : 양 손을 반짝반짝 하
면서 둥글게 돌린다.
⑨ 모두 다함께 : 양 손을 잡는다.
⑩ 즐거웁게 뛰어봅시다 : 2호간마다 손뼉 1회씩 2번을
치고 마지막 '다'에서는 손뼉 3회 치기

166. 이럴 땐 어쩌나

Motion song

■ 지도하는 법

* 모션

① 앞마을에 순이 : 팔짱끼고 어깨춤추기 또는 검지로 앞을 가리키기

② 뒷마을에 용팔이 : 양 손을 허리에 대고 어깨춤추기 또는 엄지로 뒤를 가리키기

③ 열일곱 열아홉 : 열 손가락을 이용하여 열일곱과 열아홉을 만든다.

④ 처녀 총각 : 오른손등 위에 왼손을 겹친 후 이마에 대고, 양손을 허리에 댄다.

⑤ 빨래터에서 돌아오는 길에 : 빨래하는 동작 2번 반복 후 걸어가는 모습

⑥ 두 눈이 마주쳤네 : 양 손 엄지와 검지로 동그라미를 만들어 눈에 대고 빙글빙글 돌린다.

⑦ 산에산에 산새 : 양 손으로 산(∧)을 만든 후 입가에 대고 새가 지저귀는 모습

⑧ 들에들에 들새 : 양 손을 벌려서 나비처럼 훨훨

⑨ 즐겁게 노래하고 : 춤추기 동작 후 양 손을 입가에 교대로 대기

⑩ 산골짜기 시냇물 : 물이 위에서 아래로 흐르는 모습

⑪ 바람결에 풀잎들 : 양 손을 높이 들고 좌우로 흔들기

⑫ 도란도란 속삭이네 : 양 손을 입가에 댄 후 귓가에 대기

⑬ 아하하 아하 : 양 손으로 배꼽잡기

⑭ 나는 나는 어쩌나 : 오른손 엄지로 자신 가리키고 왼손 엄지로 자신 가리키기

⑮ 이럴 땐 이럴 땐 이럴 땐 어쩌나 : 오른손 검지로 상대방을 2번 가리키고 왼손바닥에 한 번 찍고 양 손 앞으로 펼쳐 어깨 들썩이기

⑯ 푸른 저 하늘엔 : 검지로 하늘을 가리킨다.

⑰ 흰구름만 두둥실 : 양 손을 높이 들고 좌우로 1회 흔든다.

⑱ 두둥실 흘러가네 : ⑰의 동작을 **빠르게** 한다.

167. 환영의 노래

Motion Song
Game Song

■ 지도하는 법

* 모션

① 우리모두 : 양 손을 가슴에 X자로 모은다.

② 환영합니 : 양 손을 똑바로 편다.

③ 다 : 빙고박수(짝짝 짝짝짝)

④ 즐거운 맘 : 좌우로 예쁘게 춤을 춘다.

⑤ 진심으로 : 오른손과 왼손을 차례로 앞으로 펼친다.

* 게임

① '환영합니다' 대신에 '악수합니다', '인사합니다', '안아줍니다', '안마합니다', '간질러 줍니다', '꼬집어 줍니다', '뽀뽀합니다'… 등으로 바꿔가면서 적용한다.

② 새로 나온 회원을 환영할 때에는 다음과 같이 변형시킨다. '개똥이를 환영합니다. 개똥이를 환영합

니다. 개똥이는 정말 멋쟁이 개똥이를 환영합니다'
③ 개똥이 대신에 신입회원의 이름을 집어 넣는다.
④ '이달에 생일 맞이한 사람'이나 '착한 일을 한 사람'
　등을 선정해서 축하송으로 적용할 수 있다.

168. 첫 인사 노래

■ 지도하는 법

＊ 모션

① 우리 처음 만났으니 : 양 손을 가슴에 X자로 모은다.

② 손목 잡고 : 서로 손목을 잡는다.

③ 인사를 나누어요 : 남자는 모자를 벗고 여자는 치마를 잡고 인사합니다(남자 먼저 인사).

④ 만나서 정말 반가와요 : 손뼉 2번 치고 오른손 손뼉끼리 2번 치고, 손뼉 2번 치고 왼손 손뼉끼리 2번 친다.

⑤ 안녕하세요 : 좌우로 포옹을 한다.

⑥ 방긋 웃으면서 : 양 손을 입가에 대고 좌우로 한 번씩 웃어준다.

⑦ 예쁘게 춤추면서 : 좌우로 예쁘게 춤을 춘다.

⑧ 나를 소개합니다 : 양 손을 좌우로 펼치고 양 손 엄지를 꼽아서 끌어당기는 동작을 좌우로 1회씩 하기

⑨ 예쁘게 생긴 : 양 손 검지를 차례로 볼에 갖다 댄다.

⑩ 제 이름은 : 양 손을 가슴에 X자로 모은다.

⑪ ○○교회 : 교회 모양(　)을 만든다.

⑫ ○○○ : 자신의 이름을 부르며 ③과 같이 인사를 한다.

⑬ 멋있게 생긴 : 양 손을 허리에 대고 어깨를 들썩거린다.

＊ 게임

① '인사를 나누어요' 대신에 '윙크를 해주어요', '꼭 껴안아 주어요', '방긋 웃어 주어요', '꼬집어 주어요', '간지럼을 태워요', '안마를 해주어요' 등으로 바꾸어서 적용한다.

② '인사를 나누어요'를 부른 후에 세계 각국의 인사법을 한 가지씩 적용한다(괄호안은 동작).

  예) • 한국 : 안녕하세요 !　반갑습니다(허리굽혀 인사한 후 악수를 나눈다).

     • 이스라엘 : 샬롬 !（양 손으로 어깨를 주물러

준다)
- 중국 : 쎄쎄 니 하오마(자신의 양 팔을 끼고 허리굽혀 인사한다)
- 인도 : 살라무아 '오'(손키스 두 번하고 앞으로 나와 서로 껴안는다)
- 말레이시아 : 호랑 꼬레아 바구스('나는 한국인을 좋아합니다'라는 뜻 : 양 어깨를 교대로 댄다)
- 하와이 : 알로하 알로하(남자는 여자의 허리를 안고, 여자는 남자의 목을 끌어 안고 양 뺨을 댄다)
- 스페인 : 브아레스 디아스(서로 끌어 안고 사랑의 표시를 한다)
- 알라스카 : 브렌니 음, 음(코에 두 주먹을 붙여 서로 끝을 비비면서 인사한다)
- 네팔 : 나마스테('나마스테'를 세 번 외친 후 양 손을 머리에 얹고 인사한다.)
- 일본 : 오하이오 고자이 마스(양 손바닥을 비비며 인사를 한다)
- 북한 : 동무! 반갑구만(오른손끼리 악수한 상태에서 앉았다 섰다 하는 동작을 반복한다)

169. 퐁당퐁당

■ 지도하는 법

  *** 모션**

① 퐁당퐁당 돌을 던지자 : 자신의 손뼉 2회, 상대와 손뼉 2회 마주친 후 돌을 집어던지는 모습

② 누나 몰래 : 양 손 엄지와 검지로 원을 만들어서 눈에 댄다.

③ 돌을 던지자 : 자신의 손뼉 2회, 상대와 손뼉을 2회

마주 친다.

④ 냇물아 퍼져라 널리널리 퍼져라 : 양 손 바닥을 펴고 까불리듯 밖으로 퍼져 나가게 한다(처음엔 작게 다음엔 점점 크게).

⑤ 건너편에 앉아서 : 오른손 검지로 건너편 가리키고 엉덩방아 찧는다.

⑥ 나물을 씻는 : 나물씻는 모습

⑦ 우리 누나 : 양 손을 가슴에 X자로 모은다.

⑧ 손등을 : 오른손 검지로 왼손등을 가리킨다.

⑨ 간지러 주어라 : 손등에 간지럼 태운다.

＊ 게임

① 짝을 지어서 마주보고 동작하다가 리더의 지시에 따라 '간지러 주어라' 대신에 '꼬집어 주어라', '껴안아 주어라', '안마해 주어라', '뽀뽀해 주어라'… 등으로 변형시켜 진행한다.

② 리더의 지시에 따라 '손등' 대신 '허벅지', '겨드랑이' '목'… 등을 간지럼 태울 수도 있다.

170. 돌아 돌아

Motion Song
Game Song

■ 지도하는 법

  * 모션

① 손뼉치고 손뼉치고 : 짝과 마주본 후 자신의 손뼉
  1회 치고 오른손뼉끼리 1회 치기, 자신의 손뼉 1회
  치고 왼손뼉끼리 1회 친다.

② 짝짝짝 : 짝과 마주보고 손뼉 3회 친다.

③ 돌아돌아 돌아돌아 : 오른손 팔짱을 끼고 왼손은
  반짝 반짝 하면서 돈다(4호간).

④ 돌아돌아 돌아돌아 : ③과 반대 동작

⑤ 앉아서 할 때에는 '돌아 돌아…' 부분을 실타래 감듯
  돌린다.

  * 게임

'손뼉치고' 대신에 다음과 같이 적용한다.

① 인사하고 : 남자는 왕자처럼, 여자는 공주처럼

② 악수하고 : 서로 악수를 나눈다.

③ 윙크하고 : 오른쪽 왼쪽 윙크하기
④ 간지르고 : 서로 간지럼 태우기
⑤ 꼬집고 : 서로 꼬집어 주기
⑥ 주무르고 : 어깨 주물러 주기
⑦ 안아주고 : 서로 안아주기
⑧ 뽀뽀하고 : 서로 뽀뽀하기
⑨ 춤을 추고 : 예쁘게 춤추기

171. 훌랄라

■ 지도하는 법

 * 모션

① 모두 모여라 : 양 손을 밖에서 안으로 모은다.

② 손목을 잡고 : 상대편 손목을 잡는다.

③ 신나게 모두 : 손뼉치고 오른손 던지고 손뼉치고
  왼손 던지기

④ 춤을 추자 : 좌우로 예쁘게 춤을 춘다.

⑤ 훌랄라라라 : 자신의 손뼉 2회 치고 상대와 오른손
  손뼉끼리 2회 치기

⑥ 훌랄라라라 : 자신의 손뼉 2회 치고 상대와 왼손
  손뼉끼리 2회 치기

⑦ 훌랄라라라 : 자신의 손뼉 2회 치고 상대 손뼉과 2회

치기
⑧ 라라라 : 왼손을 잡고 오른손으로 가위 바위 보 또는
④와 동일

172. 수박파티

Motion Song

■ 지도하는 법

  ＊ 모션

① 커다란 수박 하나 : 손으로 큰원을 만든다.

② 잘익었나 통통통 : 왼손등을 오른손 바닥으로 감싸 준 후 노크하듯 두드린다.

③ 단숨에 쪼개니 : 왼손바닥을 펴고 오른손을 세워서 내려친다.

④ 속이 보이네 : 양 손의 엄지와 검지로 원을 만들어 눈에 대고 돌린다.

⑤ 몇 번 더 쪼갠 후에 : 왼손바닥을 펴고 오른손을 세워서 2번 내려친다.

⑥ 너도 나도 들고서 : 검지로 상대방을, 엄지로 자신을

가리킨다.
⑦ 우리 모두 하모니카 : 양 손으로 하모니카를 잡고
입에 댄 모습
⑧ 신나게 불어요 : 양 손을 좌우로 움직이기
⑨ 쭉쭉 쭉쭉쭉 : 양 손을 빙글빙글 돌리기
⑩ 쓱쓱 쓱쓱쓱 : 양 손을 좌우로 움직이기
⑩ 싹싹 싹싹싹 : 양 손을 위아래로 움직이기
⑩ 쭉쭉 쓱쓱싹 : 돌리고, 좌우로, 위아래로 움직이기

173. 우리 모두 다같이

Motion Song
Game Song

■ 지도하는 법

  ＊ 모션

① 우리 모두 다같이 손뼉을 : 양 손으로 무릎 2번 치고 양손을 가슴에 X자로 모았다가 편다.

② 짝짝 : 손뼉 2회 친다.

③ 우리 모두 다같이 : 양 손을 가슴에 X자로 모았다가 펴기

④ 기쁘고 즐겁게 노래해 : 양 손을 입가에 대고 말하기

좌우 동작

＊ 게임

① ‘손뼉을’ 대신에 ‘악수해’, ‘인사해’, ‘발굴러’,
‘고함을’, ‘꼬집어’, ‘간질어’, ‘안아줘’, ‘안마해’,
‘차례로’, ‘단번에’… 등으로 응용해 본다.

② ‘손뼉을’ 대신에 ‘호랑이’, ‘송아지’… 등 동물들의
이름을 부르고 ‘짝짝’ 대신에 동물들의 ‘울음소리’
를 낸다.

③ 우리 모두 다같이 ‘호랑이와 송아지와 개구리와
염소와…강아지’ 등으로 계속해서 가사를 늘이면서
진행할 수도 있다.

174. 그리운 고향

■ 지도하는 법

＊ 모션

① 앞마을 냇터에 : 무릎 1번, 손뼉 1번 치고 손 권총
   쏘는 2번 반복

② 빨래하는 순이 : 무릎 1번, 손뼉 1번 치고, 빨래하는
   동작 2번 반복

③ 뒷마을 목동들 피리소 : 무릎 1번, 손뼉 1번 치고
   엄지로 어깨넘어 가리키기 2번 반복

④ 리 그리운 고 : 무릎 1번, 손뼉 1번 치고 피리부는 동작 2번 반복

⑤ 향 그리운 친 : 무릎 1번, 손뼉 1번 치고 양팔을 가슴에 X자 모으기 2번 반복

⑥ 구 정든 : 무릎 1번, 손뼉 1번 치고 양 손 엄지와 검지 붙였다 떼기 2번 반복

⑦ 내고향 집이 그리워지 : 무릎 1번, 손뼉 1번 치고 양 손으로 집(∧)만들기 2번 반복

⑧ 네 : 무릎 1번, 손뼉 1번 치고 양팔을 가슴에 X자로 모으기 2번 반복

175. 새색시 시집가네

■ 지도하는 법

  ＊ 모션

●기본동작 : 양 손으로 무릎치고 손뼉 2회 치기(2번 반복)

① 수양버들 춤추는 길에 : 기본동작 후 양 손을 위로 올린 후 좌우로 흔든다.
② 꽃가마 타고가네 : 기본동작 후 손으로 가마 만들기
③ 아홉 살 새색시가 : 기본동작 후 거울보며 연지 곤지 찍기
④ 시집을 간다네 : 기본동작 후 양 손을 이마에 겹친 후 구식결혼 인사하기
⑤ 가네가네 갑순이 : 기본동작 후 손 흔들기
⑥ 갑순이 울며가네 : 기본동작 후 양 손으로 눈물 닦기

176. 안마를 합시다
Motion Song

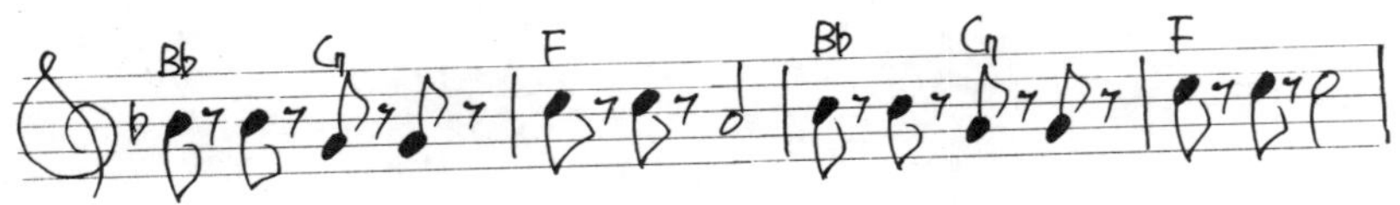

■ 지도하는 법

* 모션

시작 전에 일렬로 대형을 갖추고서 시작한다.

① 찜찜찜찜 : 양 손의 주먹을 쥐었다 폈다 하기

② 찌게 찌게 지 : 왼손바닥을 펴고 오른손 검지로 콕콕
   찌르기(곤지곤지)

③ 어깨춤을 추면서 : 양쪽 어깨를 들썩거린다.

④ 손흔들며 모이자 : 오른손은 앞에서 왼손은 뒤에서

반짝반짝 하고 반대동작 반복
⑤ 앞사람을 안마합시다 : 앞사람 어깨 위에 양 손을
  차례로 올려놓고 고개를 좌우로 갸우뚱 거리기
⑥ 쿵쿵치자 가볍게 : 주먹으로 두드리다가 양 손으로
  주무르기
⑦ 살살살살 : 양 손 손바닥을 세운 후에 두드리기
⑧ 뒤로 돌아서 : 방향을 반대로 바꾼다.

177. 동물농장

Game Song

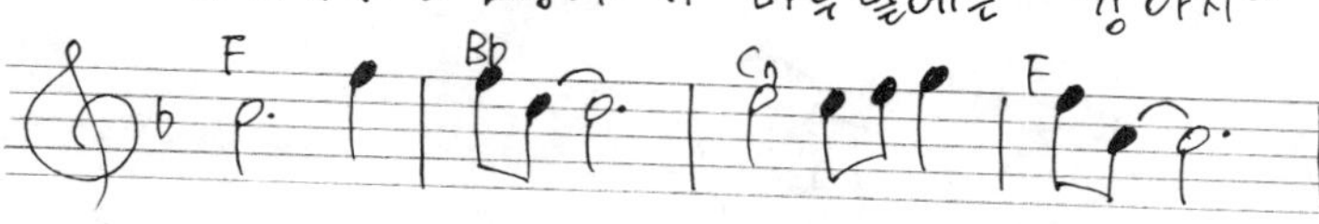

■ 지도하는 법

* 게임

① 팀을 나눈 후에 서로 번갈아가면서 한 팀이 노래를 부르면 다른 한 팀은 동물의 흉내를 내도록 경쟁을 해서 승부를 가리도록 한다.

② 가사를 다음과 같이 변형해서 불러본다.

- 닭장 속에는 일본닭이 — 요꼬요꼬 히데요시 요꼬 요꼬 히데요시
- 마루밑에는 중국개가 — 띵호와 띵호와
- 외양간에는 미국소가 — 헬로우 헬로우 미스타 몽 키
- 새장 속에는 스페인 새가 — 세뇨레따하 세뇨레따 하

③ 각팀마다 리더가 지적하는 사람이 나와서 노래가 진행되는 동안 팀 앞에 나와서 가사에 맞추어 동 물춤을 추게 해본다.

178. 빙고

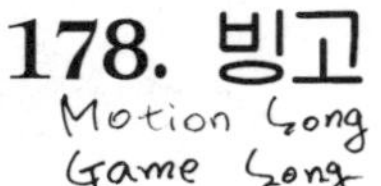

■ 지도하는 법

 * 모션

① 앞집에 사는 : 왼손은 허리에 대고 오른손 검지로 앞을 가리킨다.

② 개이름 : 양손 손가락을 펴서 연결하여 코 앞에 대고 흔들기

③ 빙고라지요 : 양 손을 가슴에 X자로 모은다.

④ BINGO : 빙고 박수를 친다.

⑤ 그 이름 빙고 : 양 손을 가슴에 X자로 모은다.

 * 게임

① 1절은 노래만, 2절은 모션만, 3절부터는 BINGO의 영어 부분을 하나씩 부르지 않고 손뼉을 쳐 나간다.

② 'BI'나 'NGO'만 치게 하여 분위기를 바꿀 수도 있다.

179. 개구리 노총각

Motion Song

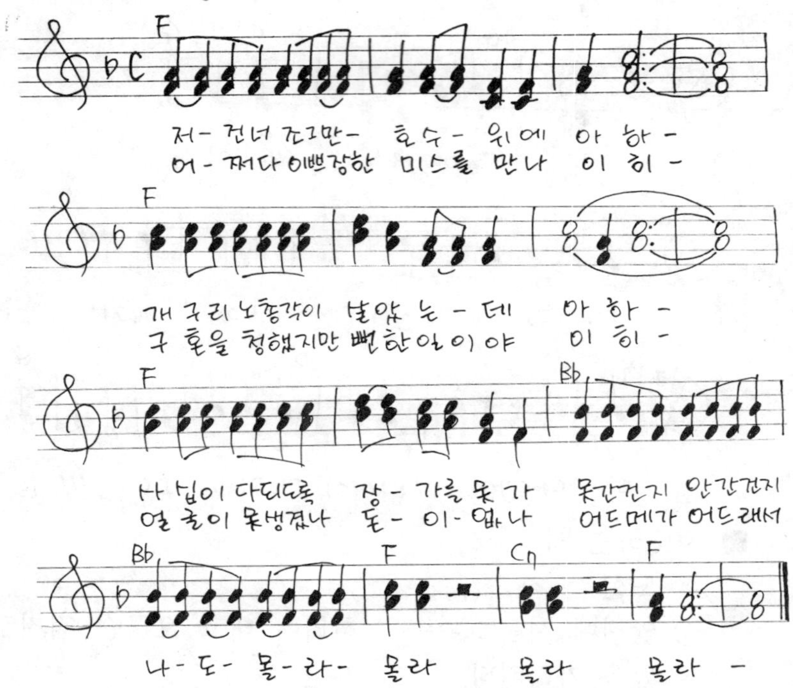

■ 지도하는 법

* 모션

① 저 전너 조그만 호수 위에 : 검지로 멀리 가리키고 양손 검지로 동그라미를 작게 그린다.

② 아하 : 양 손을 입가에 댄다.

③ 개구리 노총각이 살았는데 : 왼쪽 오른쪽 교대로 얼굴 외면하고 머리 빗는 모습

④ 사십이 다가도록 장가를 못가 : 손가락 4개를 꼽고

동그라미 그린 후 큰절을 한다.

⑤ 못간건지 안간건지 : 손을 '아니다'라고 흔들며 고개도 흔든다.

⑥ 나도 몰라 : 엄지로 자신을 가리키고 어깨를 들썩거린다.

⑦ 몰라 : 양쪽 어깨춤 1번씩 들썩한다.

⑧ 어쩌다 이쁘장한 미스를 만나 : 무릎 한 번 치고 상대방 가리킨 후 검지를 뺨에 댄다.

⑨ 이히 : 양 손을 입에 대고 낄낄거리는 모습

⑩ 구혼을 청했지만 : 온몸을 꽈배기틀고 두 손을 내민다.

⑪ 뻔한 일이야 : 손바닥으로 자기 이마를 때린다.

⑫ 얼굴이 못생겼나 돈이 없나 : 머리 빗는 시늉 2번한 후 동그라미를 2번 그린다.

⑬ 어드메가 어드래서 왜그런지 나도 몰라 : 양 손을 교대로 펴면서 삿대질 하는 동작

180. 꿀점 가위 바위 보

■ 지도하는 법

* 모션

① 예쁘게 춤을 추며 돌아다니다 : 춤을 추면서 자유롭게 돌아다닌다.

② 만나는 사람마다 안녕하세요 : 만나는 사람마다 인사를 하다가 한 사람을 정해서 붙잡고 인사를 나눈다.

③ 악수하고 : 서로 악수를 한다.

④ 꿀점보고 : 양 손을 엇갈려서 잡고 비틀어서 꿀점을 본다.

⑤ 가위 바위 보 : 주먹쥐고 오른손을 어깨 위로 들어 올린 후 '보'에서 승부를 가린다.

⑥ 엉덩이를 흔들면서 돌아다니다 : 히프를 흔들면서 돌아다닌다.

⑦ 토끼춤을 추면서 돌아다니다 : 양 손을 머리 위에

올려 토끼귀를 만든 후 '깡총깡총' 뛰면서 돌아다
닌다.
⑧ 엉금엉금 가면서 돌아다니다 : 기어다니면서 돌아
다닌다.

＊게임

① '기타치며 기타치며', '북을 치며 북을 치며', '피
아노치며 피아노치며' '나팔불며 나팔불며', '바이
올린 켜며 바이올린 켜며'… 등으로 계속해서 모
션을 만들어가면서 게임을 진행할 수 있다.

② 1절이 끝나면 만나는 사람마다 가위 바위 보를 해서
진 사람은 이긴 사람의 뒤에서 기차를 만드는 방
법으로 게임을 진행하며 리더는 다음 동작을 계속
해서 미리 정해주도록 한다.

③ 팀을 나눌 때에 유용한 게임이다.

*
레크리에이션 박사
*
초판 1 쇄 — 1999년 4월 10일

*
지은이 — 리더촌교육선교회
        — 홍경표 · 이정수 · 김신영 · 이성복
펴낸이 — 이 규 종
펴낸곳 — 엘맨출판사
*
서울시 마포구 합정동 433—62
출판등록 — 제10-1562호 1998. 3. 19.
*
TEL — (02) 323—6416
FAX — (02) 322—4477
*
잘못된 책은 바꾸어 드립니다.
*
값 6,000원

좋은책으로 하나님의 사람을 만들어가는—
엘맨출판사

좋은책으로 하나님의 사람을 만들어가는—
엘맨출판사